Juan Carlos Cano Lavín

# La Sección Femenina
# y el Frente de Juventudes
# en Cantabria.
# Su influencia en los jóvenes

TÍTULO: La Sección Femenina y el Frente de Juventudes en Cantabria. Su influencia en los jóvenes
AUTOR: Juan Carlos Cano Lavín

© De los textos: Juan Carlos Cano Lavín

EDICIÓN: Librucos/Ramón Villegas López. www.librucos.com

DISEÑO Y PRODUCCIÓN: Génesis Composición (Santander) / www.genesisdigital.es

DISTRIBUCIÓN: Ramón Villegas López (Torrelavega)
Teléf.: 942 08 64 06
E-mail: rvillegaslibros@gmail.com

EN INTERNET: www.temasdecantabria.com (librería on line)
www.librucos.com (web de la editorial)

1ª edición, marzo de 2025

ISBN: 978-84-129265-2-1
DL: SA-77-2025

*A mis padres.*

# ÍNDICE

# PRÓLOGO

El conocimiento que se ha desarrollado en las últimas dos décadas acerca de la historia social y política de nuestra comunidad autónoma durante la primera mitad del siglo XX, es sin duda un proceso que debe enorgullecer a todos los cántabros. Pocas regiones españolas pueden presentar un elenco de investigadores tan completo como el nuestro. Podemos mencionar a Miguel Ángel Solla Gutiérrez, Fernando Obregón Goyarrola, Jesús Gutiérrez Flores o Julián Sanz Hoya, como algunos de los historiadores que han permitido con sus estudios, conocer en profundidad diversos aspectos del devenir histórico de Cantabria: la Segunda República; la Guerra Civil; los partidos y sindicatos que marcaron las primeras décadas del siglo pasado; la Dictadura franquista, con la represión de posguerra, la consolidación del régimen y su declive, y un largo etcétera de temas que han sido indagados en profundidad a través de múltiples trabajos y monografías.

Pero en la conocimiento de nuestro pasado ningún campo de investigación está cerrado al historiador, y cualquier etapa histórica presenta aspectos aún por estudiar. Justamente por eso tiene el lector en sus manos la obra de Juan Carlos Cano Lavín. En esta publicación y bajo el título "La Sección Femenina y el Frente de Juventudes en Cantabria", el autor nos ofrece una interesante y novedosa visión de lo que fue el intento franquista por influir en varias generaciones de jóvenes cántabros a través de la educación, el deporte y una amplia gama de actividades culturales, siempre controladas férreamente por los dictados ideológicos de la época. Nadie hasta ahora había emprendido una tarea similar, con un trabajo exhaustivo de investigación que nos permite comprender la importancia que tuvieron estas organizaciones para conseguir la estabilización y consolidación del régimen desde el final de la Guerra Civil hasta su paulatino declive durante los años setenta.

Existió todo un entramado de actividades deportivas, culturales y educativas que formaron uno de los pilares principales con los que el franquismo intentó permear a la sociedad española para perdurar en el tiempo. A destacar la labor de la Sección Femenina, con sus centros docentes y albergues juveniles, sus actividades al aire libre, sus cursos de capacitación o la extensa red de colegios instalados por la geografía provincial. Sin olvidar la importante labor de asistencia social que desarrolló esta institución siempre dentro de los márgenes y bajo los criterios impuestos por la Dictadura. Todo este elenco de materias están descritas en el libro y el lector tiene la posibilidad de conocerlas por primera vez gracias a la labor investigadora de Juan Carlos Cano, quien con prosa fácil y comprensible, aparte de absoluta objetividad en la aportación de los datos, nos da la oportunidad de acercarnos a una temática histórica hasta ahora inédita en nuestra región.

Hay que agradecer al autor el análisis pormenorizado de los fondos de la Sección Femenina que se conservan en el Archivo Histórico Provincial, prácticamente inéditos hasta este momento, así como la extensa bibliografía utilizada para confeccionar este libro. Igualmente, como investigador de la historia contemporánea de Cantabria, soy plenamente consciente de la importancia que tiene continuar abriendo puertas al conocimiento, iniciar nuevos trazados de investigación que otros puedan continuar, y también conozco las dificultades que existen en ese camino, y que el esfuerzo y el tiempo que a ello dedicamos lo hacemos con el único objetivo de aportar luz a un tiempo pasado, que nos ayude a construir un futuro mejor para todos.

Juan Carlos Cano Lavín ha iniciado ese camino con una extraordinaria labor investigadora y un magnífico libro. Continúa de esta forma, a la vez que se incorpora, una senda historiográfica de la que Cantabria puede presumir. Disfrutemos pues, de su lectura.

**José Manuel Puente Fernández**
Historiador

# La Sección Femenina
# y el Frente de Juventudes
# en Cantabria.
# Su influencia en los jóvenes

# INTRODUCCIÓN

Son pocos los estudios que se han llevado a cabo en Cantabria referentes a la Sección Femenina y el Frente de Juventudes, quizás porque los archivos se han abierto hace poco tiempo. Conscientes de que se trata de una época difícil de analizar y que se trata de un tema sensible que, además, dificulta un tratamiento lo más objetivo posible, aquí hemos trabajado con la premisa de que aportar datos para añadir a la educación que se desarrolla en este periodo es el modo de tejer mimbres para posteriores investigaciones sin duda necesarias.

Nuestro estudio trata de mostrar a través de la documentación hallada, cómo la Sección Femenina y el Frente de Juventudes, creados en la época franquista, trataron de influir en la juventud de Cantabria, más concretamente desde su creación en 1934 hasta abril de 1977, en que desaparece la Secretaría General del Movimiento.

Para ello, en nuestro estudio, se describen cuáles son los edificios y centros en los que se llevan a cabo las diferentes actividades, así como la labor realizada en las escuelas, colegios, institutos y escuelas de Magisterio, Comercio y Enfermería, los Círculos de Juventudes, albergues y campamentos, cátedras, Colegios Menores… Todo ello, a través de los instructores e instructoras y del diverso personal docente, que imparte las asignaturas de Educación Física, Formación del Espíritu Nacional o Música y Enseñanzas del Hogar, teniendo siempre presentes los principios del Movimiento Nacional.

Las Escuela Menor de Mandos José María de Pereda, establecida en Polanco, convoca diferentes cursos para las alumnas. Después, tratarán de extender sus enseñanzas a la capital y pueblos de la provincia, principalmente a través de las Cátedras Ambulantes que llevan a cabo las campañas de alfabetización, así como los cursos de Formación Profesional. Las Escuelas Hogar, los Círculos de Juventudes, el preventorio Agustín Zancajo Osorio en Alceda, el Colegio Menor Bien Aparecida en Santander, las Cátedras Ambulantes, los coros y danzas, y los albergues fueron instituciones principales con las que contó la Sección Femenina para extender sus enseñanzas en este periodo. Por otra parte, el edificio de la Delegación de Juventudes, los Colegios Menores, Hogares Juveniles, albergues, campamentos de Laredo y Loredo entre otros, así como la isla de la Torre fueron las instituciones con las que contó la Delegación de la Juventud de Santander y que aportaron sus instalaciones para las enseñanzas y práctica del deporte.

La lectura de actas de la Delegación Nacional de la Juventud de Santander nos ha permitido saber que se editaron en Cantabria algunas revistas como *Tarea* y periódicos murales que, sin embargo, no se han localizado. La Secretaría General del Movimiento desaparece en 1977, pero tan solo recientemente es cuando hemos podido acceder a los datos en el Archivo Central de Cantabria y mostrar su contenido de la manera más objetiva posible, basándonos en los datos históricos que hemos hallado.

# 1.- CANTABRIA EN EL FRANQUISMO

Con el final de la Guerra Civil en Cantabria, que por aquel entonces aún se denominaba Provincia de Santander, se inicia, como en el resto de España, un largo periodo de postguerra, primera gran etapa de la dictadura franquista. Como es sabido, el país está devastado, los recursos escasean, se impone el racionamiento y las condiciones de vida de la población se endurecen.

Sumado a este contexto nacional de desolación, en 1941, en Santander capital, se produce un gran incendio, así recogido por *El Diario Montañés*:

> Entre el viernes 14 y el sábado 15 de febrero de 1941, como resultado [del incendio] más de 400 edificios desaparecieron lo que supuso unas 2.000 viviendas, unos 10.000 damnificados, 37 calles del casco antiguo, 2 plazas, edificios oficiales, 6 iglesias y conventos, más de 500 comercios, 9 imprentas, 2 periódicos, 21 clínicas de médicos y odontólogos, unas 7.000 personas en paro forzoso y una valoración material de la propiedad urbana calculada en 85.312.506,70 pesetas[1].

Para hacernos idea fidedigna de la catástrofe, se inserta un plano de una parte de la zona siniestrada. En el podemos observar cómo queda en pie el Instituto de Santa Clara, donde se ubicaba en sus comienzos la Escuela Normal, pero desaparece la calle de las Escuelas, donde estará instalada posteriormente la Normal. Y ya en 1915 la Escuela Normal se trasladará a la calle Cisneros.

Santander ha de ser reconstruido y reurbanizado. Se lleva a cabo, con tal operación, una redistribución de la población que desplaza a las clases populares de la zona de Puertochico hacia barrios más periféricos, poblándose los enclaves privilegiados de la Bahía de las clases medias altas, en lo que hoy se considera que pudiera ser el primer caso de gentrificación en el Estado[2]. Muchos ciudadanos, como pescadores, obreros o artesanos, se trasladan del centro a otros lugares, como al hoy denominado Barrio Pesquero o al poblado de Canda Landaburu. Con este reordenamiento urbano, el centro es ocupado por la burguesía y los negocios; también hay una nueva remodelación de las calles, que ganan en anchura.

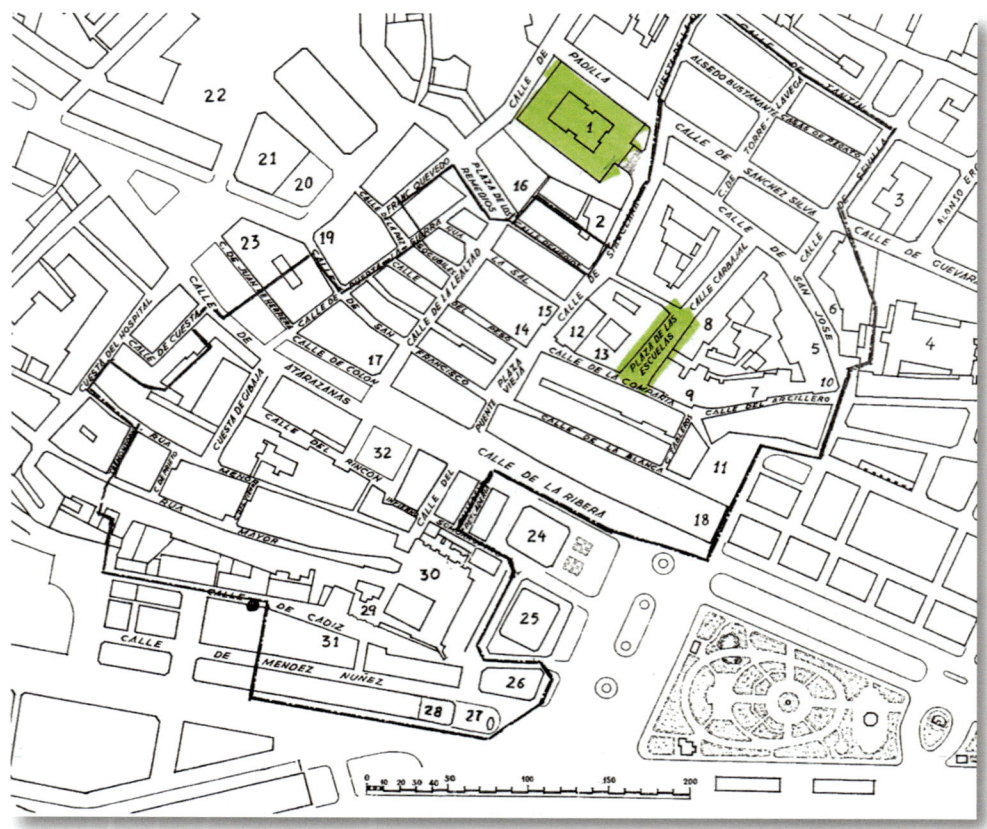

Ilustración 1. Plano de una parte de la zona siniestrada de la capital[3].

En el plano[4] de la página siguiente (Ilustración 2) se ofrece una panorámica de la ciudad en 1942, donde se incluye la reforma proyectada para después del incendio de 1941, resaltando en color la Escuela Normal y la Aneja.

Son años de escasez y racionamiento. Los productos para el consumo no llegan para atender las necesidades y surge toda una picaresca para lograr alimentos y otros elementos esenciales a través de canales alternativos como "el estraperlo" o "el mercado negro".

## Situación cultural en Cantabria

La Universidad Internacional Menéndez Pelayo (UIMP), creada como Universidad Internacional de Verano de Santander en 1932 por decreto del Gobierno republicano, a propuesta del ministro de Instrucción Pública Fernando de los Ríos, ve interrumpida su actividad durante la Guerra Civil y es en el año 1938

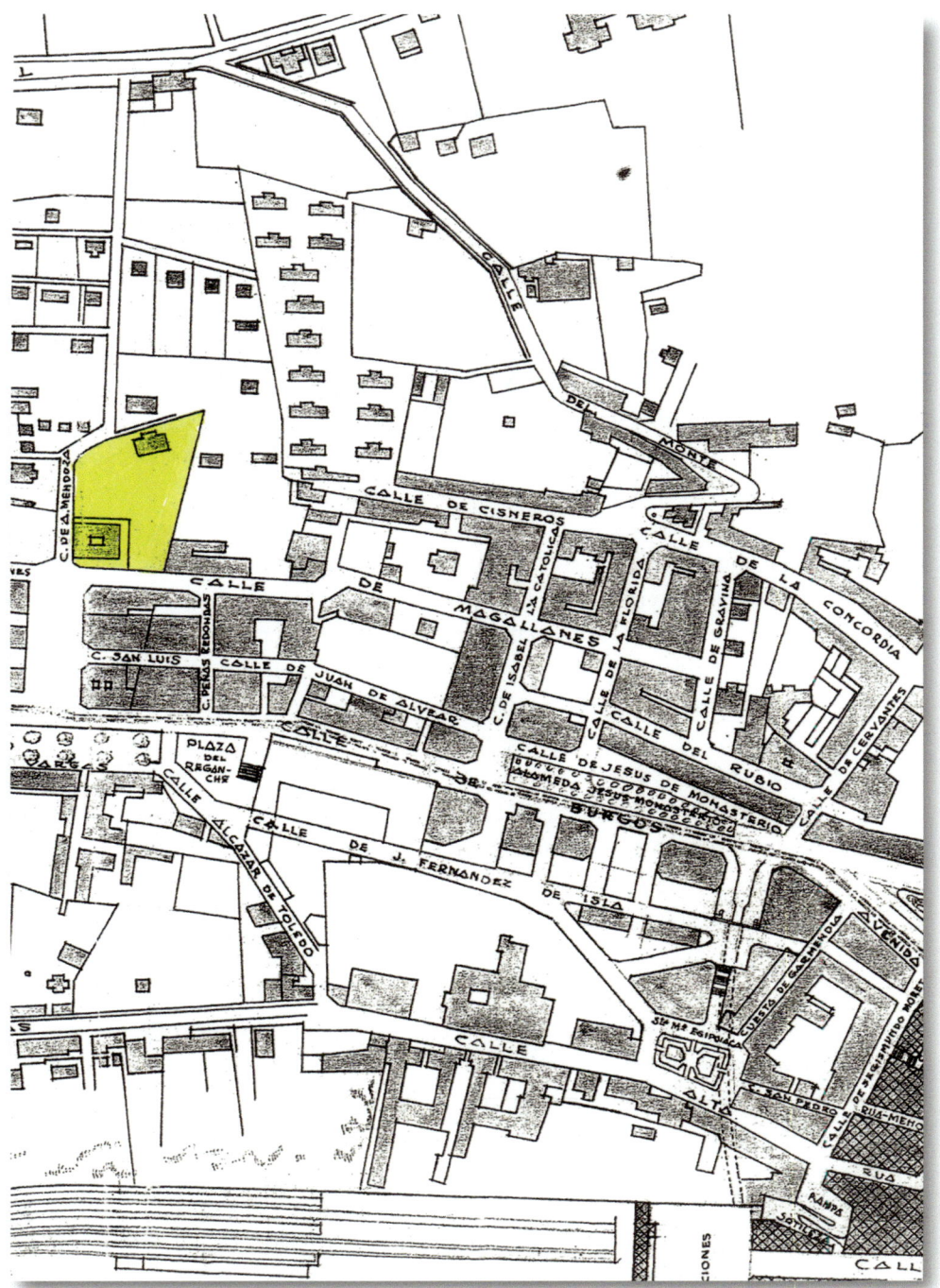

Ilustración 2. Extracto planimétrico de la ciudad en 1942[5].

cuando vuelve a patrocinar los cursos para extranjeros convocados por el nuevo Ministerio de Educación Nacional[6]. Ya en 1945, se aprueba el decreto de creación de la UIMP. La actividad creciente de la misma hace necesaria la creación de un campus con edificios dotados de aulas y de residencias para acogida de estudiantes extranjeros.

En esta época nacen, asimismo en Santander, una serie de revistas literarias de carácter poético, divulgativo y crítico. En 1944, en el entorno del Ateneo de Santander, se funda la revista literaria *Proel*. Poco después, ante los problemas de difusión de *Proel*, se comienza a editar la revista *La Isla de los Ratones*. Y ya en la década de los cincuenta, ve la luz la revista *El Gato Verde*. No obstante, la política con respecto a la prensa es estricta pues se suspende la libertad de prensa y se prohíben las publicaciones liberales y de izquierdas, como los periódicos *La Región*, *El Cantábrico* o *La Voz de Cantabria*. Periódicos como *El Diario Montañés* y *Alerta* son dirigidos por el Régimen, sujetos a unas directrices precisas para ser voz del orden imperante. La censura estará presente en todos los ámbitos. Ocurre igual con las emisoras de radio. Asistiremos al nacimiento de Radio Juventud en Torrelavega y Laredo, pero todo ello sujeto a unas directrices precisas, al igual que TVE y en el campo cinematográfico las emisiones del No-Do, acrónimo de Noticiarios y Documentales, con la obligatoriedad de su exhibición en todos los cines del territorio nacional hasta 1975.

### La enseñanza

Con la llegada de la dictadura de Franco al poder, los proyectos iniciados por los gobiernos republicanos, muchos de los cuales estaban en pleno desarrollo, van a verse truncados y serán abandonados, especialmente en el caso de las políticas educativas. De un lado, en los años cuarenta, el Estado tiene su atención centrada en otras cuestiones y delega la política educativa en la Iglesia, dejando enteramente en sus manos la enseñanza, devolviéndole todas las atribuciones que en esta materia le había retirado la República. Pero, con el paso del tiempo, el Estado irá recuperando[7] atribuciones en lo referente al elemento político de la educación, aunque el ámbito de la enseñanza formal quede siempre bajo control directo o indirecto de la Iglesia Católica.

Durante esta época, la única organización de carácter político que se permite es Falange Española Tradicionalista y de las JONS, comúnmente conocida como Movimiento Nacional, que tendrá, como es sabido, una importante proyección social. El partido único del régimen franquista, que sigue el modelo de los regímenes totalitarios italiano o alemán, defiende la intervención e implicación estatal en la enseñanza. Es la forma de llevar los valores del régimen franquista al ámbito educativo, contando siempre con la concurrencia de la Iglesia católica, encargada de introducir un fuerte elemento religioso en la formación académica. Movimiento e Iglesia, pues, serán los pilares del aparato educativo de la época.

Por su parte, Religión Católica pasará a ser no sólo una asignatura obligatoria, sino central en todos los niveles educativos, incluido el universitario. Con este mismo carácter de obligatoriedad se impartirá la Educación Física para los alumnos, siempre a cargo de mandos del Frente de Juventudes, y lo mismo ocurrirá con las Enseñanzas de Hogar y Educación Física para las alumnas, en este caso a cargo de la Sección Femenina. Estos elementos conformarán la llamada "Formación del Espíritu Nacional", que impulsará el régimen franquista en su vertiente social, acorde al modelo de dictadura militar y eclesiástica de tipo tradicional que se busca imponer.

En Cantabria, de nuevo a imagen de lo que ocurre en el resto del territorio nacional, la Iglesia desempeñará un papel de gran relevancia, con una presencia total en la vida social. Hasta el año 1961 estará dirigida por el obispo José Eguino y Trecu; es una época de grandes manifestaciones religiosas, procesiones, certámenes catequéticos y peregrinaciones, con predicaciones dirigidas a suscitar el temor de Dios. A las mujeres, objetivo relevante del espíritu franquista, se les recomienda la moderación en el vestir, se les avisa de los peligros de los bailes, el cine, los espectáculos, etc. Son, en definitiva, invitadas a ser obedientes, castas y sumisas y a que atiendan, por encima de todo, a las necesidades de la familia, de los hijos y del marido[8].

En el plano legislativo, mediante ley del 1 de octubre de 1936 se crea la efímera Junta Técnica del Estado, organismo político-administrativo creado por Franco tras su nombramiento como jefe de Gobierno de la España sublevada, en plena Guerra Civil. Fue una de las principales instituciones que configuraron la primera organización del Gobierno franquista. Esta Junta estaba compuesta de varias comisiones sectoriales, entre ellas las dedicadas a cultura y enseñanza. Pero aquello no era aún un auténtico Gobierno, en sentido estricto: este se crea mediante la ley del 30 de enero de 1938, a partir de la cual la administración central del Estado se organiza en departamentos ministeriales, encontrándose Pedro Sainz Rodríguez al frente del denominado, a partir de entonces, Ministerio de Educación Nacional.

## NOTAS DEL CAPÍTULO 1

[1] "El Avance Montañés", Gobierno Civil de la provincia de Santander, Santander, 1950, pág. 39, citado en RODRÍGUEZ LLERA, Ramón, *La reconstrucción urbana de Santander*, Santander, Manufacturas Jean, S.A., 1980, pág. 104.

[2] El término "gentrificación", acuñado por la socióloga Ruth Glass, describe el proceso de aburguesamiento de determinadas zonas con el consecuente desplazamiento de las clases populares. Al respecto de la gentrificación derivada del incendio, pueden consultarse diversos artículos de reciente publicación. https://www.diagonalperiodico.net/saberes/32123-santander-1941-primer-caso-gentrificacion-urbana.html o http://www.eldiario.es/norte/cantabria/sociedad/Santander-destruida-Dios-mercado-regimen_0_482952766.html

[3] SIMÓN CABARGA, J. *"Santander en la historia de sus calles"*, Institución Cultural de Cantabria, Diputación Provincial de Santander, 1980, pág. 33.

[4] Plano de la ciudad de Santander en 1942, Ayuntamiento, Biblioteca Municipal de Santander.

[5] Ayuntamiento, Biblioteca Municipal de Santander.

[6] LAGO CARBALLO, Antonio, *La Universidad Internacional Menéndez Pelayo. Crónica de Treinta años 1938-1968*, Santander, Universidad Internacional Menéndez Pelayo, 1999, págs. 1-35.

[7] GÓMEZ OCHOA, Fidel, *Cantabria de la prehistoria al tiempo presente*, Santander, Consejería de Cultura y Deporte, 2001, pág. 279.

[8] *Ibid.*, pág. 274-276.

# 2.- LA SECCIÓN FEMENINA Y SU LABOR EDUCATIVA

Fundada por José Antonio Primo de Rivera[9] en 1934, antes incluso que el régimen franquista, como un grupo filial de Falange, la Sección Femenina de FET y de las JONS fue «el pilar femenino del régimen franquista». Se crea para ocuparse de los presos y atender y acompañar a las familias, y llegó a funcionar durante cuarenta años, en los que atesora un papel de gran relevancia, en especial en la educación, siendo disuelta tras la muerte del General Franco. Dirigida por Pilar Primo de Rivera, hermana del fundador de la Falange, cuando el 1 de abril de 1977 se suprima, algunos de sus servicios serán transferidos a la Subsecretaría de Familia, Juventud y Deporte el 4 de julio de 1977[10].

Como ha mostrado la historiadora Begoña Barrera en su libro *Historia de la Sección Femenina. Mujeres bajo tutela (1934-1977)* (2018), las mujeres de la Sección Femenina llegaban a todos los rincones de España con danzas folclóricas o realizando tablas de gimnasia y proyectando documentales sobre la labor del Régimen en el cine del pueblo. Se exigía a las que se hallaban al mando de la organización una dedicación total, aunque se defendía como único modelo de mujer legítimo el de madre abnegada y servicial. Pese a su composición y bases ideológicas, esta historiadora ha puesto de manifiesto, al igual que otras expertas como Helen Graham, Victoria Lorée Enders o Inbal Ofer, que la Sección Femenina tenía una voluntad progresista ya que funcionaba como impulsora de transformaciones legales y sociales en beneficio de la población femenina.

El historiador, escritor y periodista, Ramón Saiz Viadero, en su último libro *Mujer, República, Guerra Civil y represión en Cantabria,* documenta los años 30 en Cantabria, y se encarga de atender a los avances y retrocesos en perspectiva de género, apareciendo las mujeres de la Sección Femenina, por ejemplo, haciendo deporte, pero con las limitaciones debidas al recato: para ello se usarán los pololos durante mucho tiempo[11].

En Santander, la Sección Femenina se vertebraba mediante departamentos: de Coordinación, Económico-Administrativo, de Promoción y de Formación y Participación de la Juventud, que a su vez atendía la Escuela Menor de Formación José María Pereda de Polanco y las Escuelas de Hogar de Reinosa, Torrelavega, Cabezón de la Sal, Castro Urdiales y Porrúa, esta última en Santander.

A continuación, se muestra la relación de instalaciones en propiedad, cesión y alquileres que la Sección Femenina tuvo en la provincia de Santander.

**Tabla 1. Instalaciones de propiedad, cesión y alquileres que la Sección Femenina tuvo en la provincia de Santander**

| Localidad | Concepto | Direcciones | Propiedad |
|---|---|---|---|
| Polanco | Escuela de E. Física | Polanco | Propiedad |
| Capital | Colegio Menor | c/ Gómez Oreña, 5 | Propiedad |
| Alceda | Colegio de EGB | Alceda-Onteneda | Propiedad |
| Polanco | Polideportivo | Polanco | Propiedad |
| Polanco | Pista Deportiva | Polanco | Propiedad |
| Alceda | Pista Polideportiva | Alceda | Propiedad |
| Capital | Catedra Ambulante | Capital | Propiedad |
| Capital | D. Provincial | c/ Burgos, n° 9-3° | Alquiler |
| Capital | Escuela Hogar | c/ Burgos, n° 9-2° | Alquiler |
| Capital | Escuela Hogar | c/ Canarias n° 2 bajo | Cesión |
| Cabezón de la Sal | Escuela Hogar | c/ San Martín, n° 7 | Alquiler |
| Castro Urdiales | Escuela Hogar | c/ La Barrera, n° 3 | Cesión |
| Reinosa | Escuela Hogar | c/ Fal Conde | Cesión |
| Torrelavega | Escuela Hogar | c/ Marqués de Santillana | Cesión |
| Capital | Círculo de Juventudes | c/ Burgos n° 9-1° | Alquiler |
| Cabezón de la Sal | Círculo de Juventudes | c/ San Martín n° 7 | Alquiler |
| Santoña | Círculo de Juventudes | c/ Alfonso XII n° 4-2° | Alquiler |
| Polanco | Círculo de Juventudes | Local en el Ayuntamiento | Cesión |
| Torrelavega | Círculo de Juventudes | c/ Marqués de Santillana | Cesión |
| Reinosa | Círculo de Juventudes | c/ Fal Conde | Cesión |
| San Vicente Barquera | Círculo de Juventudes | Centro San Vicente | Cesión |
| Espinilla | Círculo de Juventudes | Local en el Ayuntamiento | Cesión |
| Castañeda | Círculo de Juventudes | Local en el Ayuntamiento | Cesión |
| Selaya | Delegación Local | Local en el Ayuntamiento | Cesión |
| Bárcena Pie de Concha | Delegación Local | Local en el Ayuntamiento | Cesión |
| Molledo Portolín | Delegación Local | Local en el Ayuntamiento | Cesión |
| S. Felices Buelna | Delegación Local | Local en el Ayuntamiento | Cesión |

*Elaboración propia*

Ilustración 3. Delegación Provincial de la Sección Femenina. Fuente: CDIS[12].

## Los centros docentes de la Sección Femenina

Los centros docentes de la Sección Femenina tuvieron por finalidad proporcionar a las alumnas una formación que respondiera al concepto de la vida cuyo ideal humano era "el hombre portador de valores eternos y miembro de una comunidad a cuyo destino colectivo debe servir"[13]. Se pretendía de estos centros que ofertasen una formación integral para el desarrollo de la personalidad y que proporcionasen una preparación política, cultural y profesional, capacitando a sus alumnas para la participación personal activa y responsable en la sociedad. Pero todo ello, apoyándose en los principios y la doctrina política del Movimiento y en las normas oficiales de carácter técnico y pedagógico emitidas por el Ministerio de Educación y Ciencia. Intentaba proporcionar a las alumnas una formación humana a través de la Formación Religiosa y Político-Social, así como a través de las actividades extraescolares en escuelas, institutos y centros de formación, y en la Escuela Normal y en la Escuela de Enfermeras entre otros centros de entonces en la llamada Provincia de Santander, la actual Cantabria.

En Cantabria, de hecho, hubo una notable relación de centros dependientes de la Sección Femenina. Entre ellos encontramos la Regiduría provincial y varios locales de divulgación, de asistencia social y educación sanitaria, granjas-escuela, Cátedras Ambulantes, Hogares Rurales, Casas de Flechas, Círculos de Juventudes, guarderías y talleres, escuelas juveniles, el Colegio de Patronato Agustín Zancajo, la Escuela Menor de Formación José María de Pereda en Polanco y el Colegio Menor Santa María Bien Aparecida, entre otros.

## Las escuelas y su relación con los principios del Movimiento

La *Orden del 19 de agosto de 1936* señala en ese año, aún en plena guerra, que la Escuela de Instrucción Primaria será la piedra fundamental del Estado e incide en el sentido patriótico de la enseñanza. Se traza un programa ideológico de lo que debe ser y cómo debe hacerse la educación nacional. Se proclama la escuela confesional católica, de acuerdo con la doctrina social de las encíclicas papales, contra la escuela laica. Otra orden, el 17 de octubre del año siguiente, fijará la enseñanza de la religión católica, así como las prácticas religiosas en las escuelas y el culto a la Virgen en el mes de mayo. Y una circular de Romualdo de Toledo, del 5 de marzo de 1938, remitida a todos los maestros de España, disertará sobre la importancia de la educación religiosa, patriótica, cívica y física[14]. En esa circular, se dan normas a los inspectores con el fin de uniformar a todos los maestros de España, a través de cuatro ámbitos: Educación Religiosa, Educación Patriótica, Educación Cívica y Educación Física. Mediante la Educación Religiosa, en las es-

Ilustración 4. Equipo de gimnasia de la Sección Femenina en Santander, 1963[15].

cuelas se aprovechan las lecturas y lecciones para proyectar, a la vez, conductas morales y religiosas. El evangelio se explicará todos los sábados y el maestro tendrá que asistir con los niños a la misa parroquial.

Mediante la Educación Patriótica se insiste en las figuras de José Antonio Primo de Rivera y de Calvo Sotelo y se recomiendan las lecturas del libro *El muchacho español*, de José María Salaverría. Por su parte, la Educación Cívica tuvo como objetivo el desarrollo de los ideales del Movimiento Nacional, acentuando la disciplina y el sacrificio en el caso de los niños, y las enseñanzas propias del hogar en el caso de las niñas. Se concede gran importancia a la Educación Física, centrada en los juegos infantiles y en la gimnasia rítmica.

Mediante la *Orden del 11 de abril de 1938* se ordena, además, que la redacción de los libros de texto se encargue de manera exclusiva el Instituto de España. El 18 de agosto de 1938 se dan a conocer a los maestros los libros de texto que deben ser retirados de la escuela, ya sea por su contenido antipatriótico, antirreligioso o por estar escritos por autores contrarios al Movimiento Nacional[16].

La educación franquista pretende implantar la enseñanza confesional basada en la moral y el dogma católico, la enseñanza de la religión en todas las escuelas y el derecho de la Iglesia a la inspección de la enseñanza en todos los centros. Como señala Manuel de Puelles: "Se consagra el principio de subsidiariedad del Estado, con lo cual la Iglesia aparecerá con la fuerza social capacitada y políticamente legitimada para asumir la función docente"[17]. Con la *Orden de 1 de mayo de 1939*[18] se suprimiría la coeducación en los grupos escolares.

Alejandro Sánchez[19] plantea que en este tiempo se produce un abandono de la enseñanza, principalmente de la de titularidad pública. En Cantabria se sigue el sistema educativo dictado desde Madrid, que difunde los principios del nacional-catolicismo. Y se encargarán de ello las Juntas Municipales, formadas por los representantes de los municipios, de la Iglesia y de la Falange, junto con las Comisiones Provinciales de Educación, formadas por el gobernador civil y los directores de los centros de enseñanza.

Pero por estas fechas se crean, por el contrario, varios centros privados, como el Cumbres en 1942, La Salle en 1943, o las nuevas instalaciones del Colegio Mercedes en 1955. Mientras, las escuelas públicas sobreviven como pueden en locales húmedos o sin alumbrado eléctrico[20]. El 14 de septiembre de 1937 son cerrados y suprimidos los institutos de Santoña y Reinosa. Situaciones como esta no afectarán a las clases altas y a la burguesía de Santander, que siempre dispondrá de colegios religiosos privados a los que llevar a sus hijos e hijas; en cambio, entre las clases bajas y, sobre todo, en las zonas rurales el problema se agudiza[21]. Todo ello genera un contexto en el que se conforma una estructura de enseñanza orientada a las clases más acomodadas y de las zonas urbanas, en detrimento de la población estancada en el campo. Según Ramón Navarro Saladrinas, "la devaluación del sueldo de los maestros relegó la preocupación del maestro por la mejora profesional al simple olvido; lo importante pasó a ser el comer, el salir adelante, el sacar adelante a la familia". Para ello, tendrá que recurrir a las clases particulares o a otros trabajos, pues el sueldo de entrada anual será de tres mil novecientas pesetas y, a partir de 1943, de cinco mil[22].

La Sociedad Menéndez Pelayo, en el verano de 1938, patrocina un Curso para Extranjeros convocado por el Ministerio de Educación Nacional; sin embargo, su subsecretario, Alfonso García Valdecasas, aprovecha el discurso para atacar la Universidad Internacional de la preguerra[23].

En 1945, se celebró en Santander la primera reunión de Estudios Pedagógicos, dirigidos por el catedrático Víctor García Hoz. Por su parte, la *Ley de Educación Primaria* del año 1967, en su artículo 57, recoge los deberes del profesorado de las Escuelas Normales, inspectores profesionales de Enseñanza Primaria, directores escolares y maestros nacionales: el acatamiento a las Leyes Fundamentales del Estado y la adhesión a los Principios del Movimiento. Según su artículo 38, los cuestionarios de Formación del Espíritu Nacional, Educación Física, iniciación para el Hogar, Canto y Música serían redactados por los organismos competentes. Asimismo, el artículo 44 determina la necesidad de la asistencia a campamentos, albergues, marchas de alta montaña, ejercicios de deportes, masas corales y grupos de danza, que se organizarán de acuerdo con las disposiciones vigentes y se desenvolverán según las direcciones de la Delegación de Juventud y Sección Femenina, a cuya inspección quedaban sujetas. Por último, en el artículo 99, ordenaba que un decreto especial pautase las relaciones de las distintas delegaciones y servicios del Movimiento con la educación.

### El tiempo libre: un plan ideado por el Frente de Juventudes y la Sección Femenina

Una vez cursados los estudios de Magisterio, para poder recibir el título, los alumnos y alumnas, debían realizar un curso de campamento. Al finalizar dicho curso, recibirían el título de Maestro Instructor Elemental de Juventudes. Por su parte, las maestras debían asistir también a un albergue y, al finalizarlo, recibían el título de Instructora Elemental de Juventudes.

En dichos cursos, se trataban las materias de Formación Política, Educación Física, Educación Premilitar para maestros, Economía Doméstica para maestras, Música, Conferencias Religiosas y Normas del Frente de Juventudes. Eran organizados por el Frente de Juventudes y la Sección Femenina, que determinaban su metodología y contenidos.

Por ello, y a tenor de la *Ley de 6 de diciembre de 1940* y la *Orden complementaria de 16 de octubre de 1941*, miembros del Frente de Juventudes se desplazan a los centros de enseñanza con la finalidad de impartir Formación Política, Educación

Ilustración 5. Libro de Educación Física. 1963[24].

Física y Organización de Colonias de Verano. De hecho, el artículo 3 de tal orden establece que "todos los alumnos de los centros de primera y segunda enseñanza oficial y privada quedan encuadrados en el Frente de Juventudes".

Para poder impartir las enseñanzas de Formación Política, Educación Física y Organización de Colonias se necesitaba, como hemos señalado, el título de maestra instructora, que dependía de la Sección Femenina. Las maestras necesitan este título también para poder impartir Enseñanzas del Hogar. Los cursos seguían una estructura similar a la masculina, diferenciándose en algunos puntos en la Educación Física y Enseñanzas del Hogar, siendo esta última una materia prototípicamente femenina.

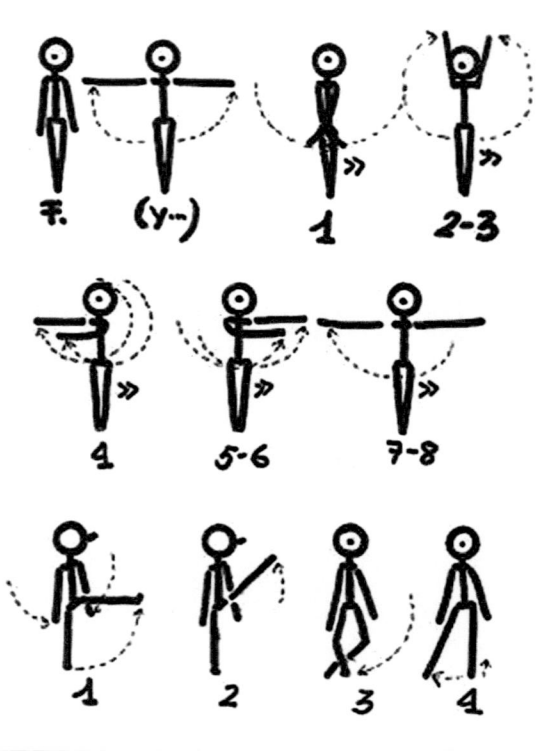

Ilustración 6. Tablas de Educación Física que debían elaborar las alumnas[27].

La Sección Femenina elaboraba un plan de formación para las muchachas que sería aplicado en los diferentes centros de enseñanza: escuelas nacionales, escuelas normales, mercantiles y de Formación Profesional. Además, pone en marcha las Escuelas de Formación y Escuelas de Hogar. El ministro Ibáñez Martín y los directores generales de Enseñanza Primaria, Romualdo de Toledo, y de Enseñanza Media y Superior, Luis Ortiz Muñoz, dieron mucha importancia a las Enseñanzas de Hogar y las incorporan a los estudios de las jóvenes en las escuelas, en el bachiller y centros superiores, entre ellos la Escuela Normal de Santander y los campamentos y albergues. Como ya dijimos, también llevan a cabo los estudios de Educación Física, contando con la colaboración de Luis Agosti, santanderino que cursa la carrera de Medicina en Madrid,

ejerce como presidente de la Asociación Española de Anestesiología[25], es campeón nacional de lanzamiento de jabalina y participa en la Olimpiada de Amberes. Agosti asesoró a las dirigentes de Sección Femenina Cándida Cadenas y María de Miranda, inspirándolas con su programa compuesto de tres partes: gimnasia neo-sueca, ritmo y danza[26]. Por esta época, se establecen centros de Educación Física en la Quinta del Pardo y en la Escuela Menor de Polanco (Cantabria), hoy sede del CRIEME (Centro de Recursos, Interpretación y Estudios de la Escuela en Materia Educativa).

En la escuela abulense de Las Navas del Marqués se crea la Escuela de Instructoras Generales en 1950, las alumnas obtenían el título de instructoras, mediante el cual ya podían impartir clase en los institutos, escuelas normales y de comercio como profesoras de Formación Cívico-Social, Política y Educación Física[28].

En 1961[29], del 3 al 30 de junio, tiene lugar, en el Colegio Menor Santa María Bien Aparecida de Santander, el cursillo para las alumnas de Magisterio, al que acuden 50 alumnas, y en la Escuela de Mandos de Polanco, otro cursillo con las mismas características, al que acuden otras 50 alumnas. Las plazas convocadas se cubren, lo que denota y da una idea del interés que suscitaban los cursos. Entre los trabajos premiados y seleccionados en el cursillo de maestras celebrado en el mismo Colegio Menor, pero ya en 1963, destacaron los murales sobre Formación Religiosa, de Formación Política y Música, este último con la realización de fichas sobre el canto gregoriano, villancicos, canciones de cuna, corro y bailes populares.

En los años posteriores se seguirán desarrollando estos cursos, tanto en el Colegio Menor Bien Aparecida como en el Albergue Agustín Zancajo, de Alceda. Del 10 al 31 de julio de 1965[30], se celebra en Alceda un cursillo para alumnas de Magisterio al que acuden alumnas de Burgos, Logroño, Madrid, Oviedo, Palencia y Santander. Y habrá un segundo turno, del 9 al 24 de agosto. En 1966, se celebrará el cursillo en la especialidad de Aire Libre para 50 alumnas de todas las provincias.

## Los cursos de capacitación para actividades de tiempo libre para los maestros y maestras de Enseñanza Primaria

La *Ley de Enseñanza Primaria 169/1965*, de texto refundido aprobado por *Decreto 193/1967, de 2 de febrero*, estableció, en su artículo 64, que el Ministerio de Educación y Ciencia determinaría, en consenso con las delegaciones nacionales de Juventudes y con la Sección Femenina, el modo y forma de los cursos relacionados con el tiempo libre que habrían de realizar los alumnos para la obtención del título de maestro. Además de los programas e itinerarios establecidos en el Plan de 1967, para la obtención del título de Maestro de Enseñanza Primaria, el alumnado de la Escuela Normal, según la *Orden Ministerial de 26 de marzo de 1968*[31], debería seguir tales cursos al finalizar el primer curso académico de la carrera durante las vacaciones escolares de verano. Sin cursar los mismos, los estudiantes de Magisterio no podrían obtener el título ni presentarse a oposiciones.

Ilustración 7. Fotografía del teatro leído en el Albergue de Alceda, durante el cursillo de Actividades de Tiempo Libre, en julio de 1969[33].

Ilustración 8. Colegio preventorio "Agustín Zancajo Osorio"[34].

En el año 1971, el Curso de Capacitación en Actividades Juveniles de Tiempo Libre queda reducido a quince días[32]. El Colegio Menor Santa María Bien Aparecida, cuya jefa fue Teodora Pajín, y el Albergue Agustín Zancajo Osorio de Alceda se encargan de impartirlos, pero específicamente para alumnas.

En julio de 1971, se desarrolla, de nuevo en Alceda y en el Colegio Menor Santa María Bien Aparecida, el cursillo de Capacitación de Tiempo Libre y reciben la visita de la Inspección y de la directora de la Normal de Santander. En los veranos de 1972-73, 1974-75 y 1975-76 se seguirán convocando estos cursos.

Como novedades, en 1973[36], por parte de la organización se estima muy conveniente que en aquellos lugares donde al mismo tiempo se estén realizando cursos de Juventudes, se organice al menos un día de convivencia, pudiendo tratarse de una marcha o excursión. Se suprime el uniforme y únicamente se mantendrá el de Educación Física, aunque los mandos vestirán en todo momento con el uniforme del albergue.

**COMO APRENDER A EMPLEAR EL TIEMPO LIBRE**

★ EN UN CURSO DE VERANO QUE TIENE COMO SEDE EL COLEGIO MENOR DE LA BIEN APARECIDA

Ilustración 9. Fotografía del periódico Alerta sobre el Cursillo de Tiempo Libre en julio de 1975[35].

Por otra parte, en 1975 se celebran otros cursos para capacitar a jefes de acampada en Covaleda (Soria)[37], dirigidos conjuntamente por la Academia Nacional José Antonio y la Escuela Nacional Isabel la Católica.

## Albergues para niñas en Cantabria y en España

La finalidad de los albergues[38] era brindar a las niñas y adolescentes la posibilidad de gozar de unas vacaciones al aire libre, organizando la vida en comunidad, la vida en libertad dentro de un orden y la vida en la naturaleza. Los campamentos estaban orientados para los niños.

Los turnos de los albergues, colonias o centros de vacaciones duran aproximadamente veinte días a lo largo de los meses de verano. Todos los veranos se organizaron diferentes turnos[39], a los que podían asistir las niñas desde las diferentes provincias que lo solicitaran. En 1967, se desarrolla un curso de verano en el albergue de Alceda y otro curso, sobre audiciones de musicales, en el Colegio Menor Santa María Bien Aparecida.

Ilustración 10. Albergue[41].

Ya en 1975, las fuentes documentales muestran que, para las aspirantes menores de 14 años[40], los destinos establecidos fueron Rascafría (Madrid), Vivero (Lugo), Cervera de Pisuerga, Palencia y Pilas (Valencia).

Para las Flechas menores, de 14 a 17 años, y Flechas mayores, de 18 a 21, los albergues disponibles fueron Sada (La Coruña), Benicasim (Castellón), Las Cabañas (Soria), Las Navas del Marqués (Ávila) y Mijas-Costa (Málaga). Concretamente, en el albergue de Mijas, la temática giró en torno a las experiencias y técnicas teatrales y finaliza el curso con el *II Certamen Nacional de Teatro,* al que asisten turnos de teatro femenino mixtos. En el albergue de Las Navas las actividades giraron en torno a la música en general y a la danza popular española y culminó con el *I Certamen de Música y Danza,* al que pudieron asistir grupos femeninos o mixtos. El albergue de Las Cabañas en Soria mantuvo la especialidad de Aire Libre y Campismo.

En el verano de 1976, para las niñas de 9 a 11 años estuvo disponible el albergue de Alceda (Cantabria). También pudieron solicitar plazas en los albergues de Sada, Benicasim, Vivero, Mijas y Cervera de Pisuerga. Además, para chicas de 15 a 17 años se realizaron intercambios con Chamonix (Francia) y Leopolstein (Austria).

Ilustración 11. Albergue de Alceda[42].

## Cursos de capacitación para jefes de campamento

El 17 de febrero de 1975[43], la Academia Nacional José Antonio y la Escuela Nacional Isabel la Católica, con los departamentos nacionales correspondientes, elaboraron las directrices del curso número 49, del 15 de marzo al 15 de junio. También se convocó el *I Curso para capacitación de jefes de acampada*. Para poder participar en cualquier curso de los mencionados había que presentar declaración jurada de acatamiento de los principios del Movimiento Nacional y de las demás *Leyes Fundamentales del Reino* y no se podía padecer enfermedad o impedimento físico incapacitante para las prácticas de aire libre. Se celebraron estos cursos entre los días 11 y 21 de agosto en el Campamento Nacional Francisco Franco, en Raso de la Nava, Covaleda (Soria), en la Academia Nacional José Antonio en Madrid y en la Escuela Nacional Isabel la Católica en Las Navas del Marqués, Ávila.

## NOTAS DEL CAPÍTULO 2

[9] A.H.P.C., Legajo 468-20, Sección Femenina.

[10] Pérez Trompeta, A. La formación de la mujer española en la Sección Femenina de FET y de las JONS: la Enciclopedia para cumplidoras del Servicio social. En Madrid, Alianza, 2019.

[11] Saiz Viadero, Ramón. *Mujer, República, Guerra Civil y represión en Cantabria*. Torrelavega, Editorial Librucos, 2016. Pág 313.

[12] Edificio sede de la Sección Femenina en la calle Burgos, 1968. Fondo Pablo Hojas Llama.

[13] A.H.P.C., Legajo 123-1.

[14] CAPITÁN DÍAZ, Alfonso, *Historia de la Educación en España*, Madrid, Ediciones Dyckinson, 1994, págs. 681-683.

[15] Equipo de gimnasia de la Sección Femenina en Santander. 16 de marzo de 1963. Fondo Pablo Hojas. Centro de Documentación de la Imagen de Santander.

[16] PERALTA ORTIZ, Mª Dolores, *La Escuela Primaria y el Magisterio en los comienzos del franquismo*, Madrid, Publicaciones de la Universidad Pontificia de Comillas, 2012, págs. 62-70.

[17] DE PUELLES BENÍTEZ, Manuel, *Educación e ideología en la España Contemporánea*, Barcelona, Editorial Labor, 1991, págs. 364-366.

[18] BALLARÍN DOMINGO, Pilar, *La educación de las mujeres en la España contemporánea. Siglos XIX-XX*, Madrid, Editorial Síntesis, 2001, pág. 117.

[19] SÁNCHEZ CALVO, Alejandro, *La Educación española en Cantabria*, Santander, Ediciones Tantín, 2012, págs. 152 y ss.

[20] *Ibid.*, págs. 154-156.

[21] *Ibid.*, pág. 148.

[22] https://gredos.usal.es/jspui/bitstream/10366/79485/1/El_franquismo%2C_la_escuela_y_el_maestro_%28.pdf, págs. 172-172.

[23] LAGO CARBALLO, Antonio, *La Universidad Internacional Menéndez Pelayo. Crónica de treinta años (1938-1968)*, Madrid, Universidad Internacional Menéndez Pelayo, 1999, págs. 19-21.

[24] Sección Femenina de FET y de las JONS.

[25] CRESPO LÓPEZ, Mario, *Cántabros del siglo XX (II). Semblanzas biográficas*, Santander, Editorial Librería Estudio, 2013, pág. 206.

[26] SUÁREZ FERNÁNDEZ, *Op. cit.*, págs. 105-170.

[27] BORRAS GINER, Carmen y otras. Educación Física y deportiva. Área de expresión dinámica, Madrid, Editorial Almena, 1974, página 69.

[28] A este respecto, ver LEÓN LLORENTE, Mª Luisa de, *Las voces del silencio*, Madrid, Grafinat, S.A., 2000, págs. 1-49.

[29] A.H.P.C., Legajo 157-5, Sección Femenina.

[30] A.H.P.C., Legajo 156-7, Sección Femenina.

[31] *BOE*, 5-04-1968.

[32] A.H.P.C., Legajo 122-9, Sección Femenina.

[33] Fotografía del teatro leído en el Albergue de Alceda, durante el cursillo de Actividades de Tiempo Libre, en julio de 1969.

[34] Santander. España en Paz. Publicaciones Españolas, Madrid, 1964, página 70.

[35] Fotografía del periódico *Alerta* sobre el Cursillo de Tiempo Libre en julio de 1975. Archivo personal del autor.

[36] A.H.P.C., Legajo 123-1, Sección Femenina.

[37] A.H.P.C., Legajo 122-3, Sección Femenina.

[38] A.H.P.C., Legajo 123-3, Sección Femenina.

[39] A.H.P.C., Legajo 129-1, Sección Femenina.

[40] A.H.P.C., Legajo 129-3, Sección Femenina.

[41] Delegación Nacional de la Sección Femenina del Movimiento, Albergues, Colonias o Centros de Vacaciones, Madrid, Editorial Almena, 1969.

[42] "Escuelas desaparecidas". http://www.muesca.es/index.php/galeria/galeprueb

[43] A.H.P.C., Legajo 122-3, Sección Femenina.

# 3.- LAS MAESTRAS EN CANTABRIA Y EL TUTELAJE DE LA SECCIÓN FEMENINA

Muchas maestras cántabras prestaron sus servicios en preventorios, destinados a la prevención del desarrollo y propagación de enfermedades, en escuelas de patronato o fueron jefes de Escuela Hogar en institutos y otras trabajaron en las Cátedras Ambulantes. Para las maestras que colaboraron en las tareas formativas de la Sección Femenina[44], como fueron las enseñanzas en las asignaturas de Formación Política, Educación Física femenina y Enseñanzas del Hogar, así como en actividades extraescolares, la Sección Femenina reconoció sus servicios y premió la labor extendien-

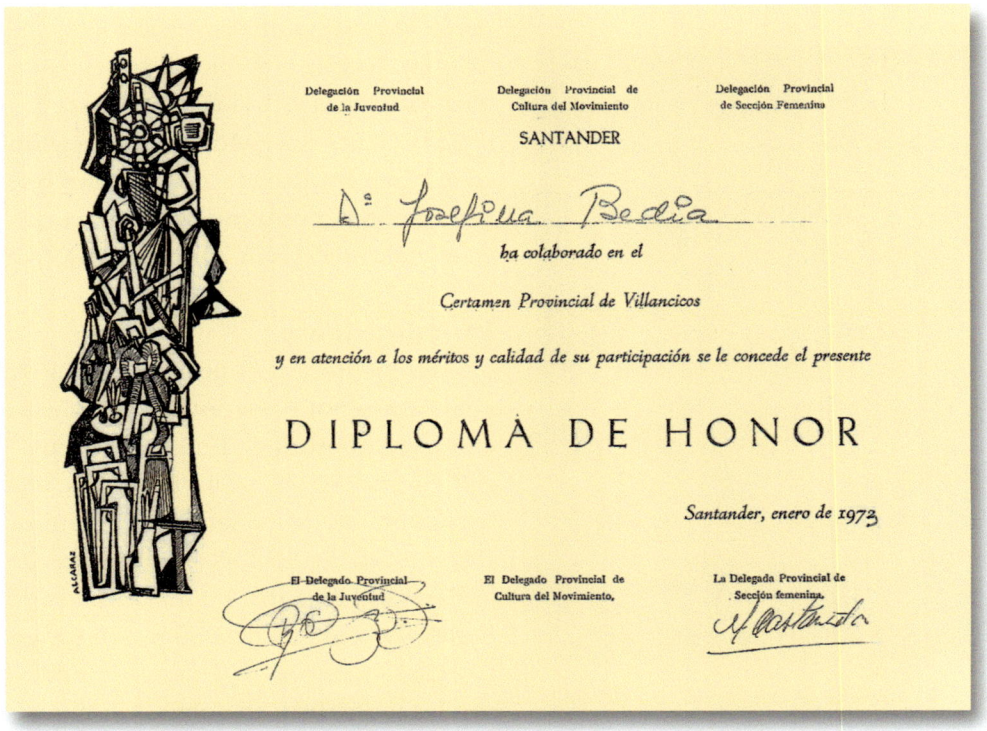

Ilustración 12. Diploma concedido a Josefina Bedia, maestra de la escuela unitaria de Mentera-Barruelo, en el Concurso de Villancicos organizado por la Sección Femenina.

Ilustración 13. Portada de la revista Consigna[46].

Ilustración 14. Libro de oposiciones a Educación
Física editado por la Sección Femenina. 1963[49]
(Fuente: Sección Femenina de FET y de las JONS).

do certificados de puntuación, que servían como mérito en los concursos de traslados.

Para ello, fue necesario que las maestras tuvieran su propia escuela, encuadrada en la Delegación Provincial de la Sección Femenina[45], y estar suscritas a la revista *Consigna,* a través de la cual la Sección Femenina daba a las maestras las orientaciones didácticas y pedagógicas de las asignaturas que les encomendaba el Estado Español.

A partir del 9 de julio de 1973[47], las escuelas de patronato de la Sección Femenina se transforman en centros estatales, con la denominación de Colegios Nacionales de Enseñanza General Básica (EGB), en régimen de administración especial y conservando la Sección Femenina la facultad de proponer al profesorado. Ya a partir de 1977, al desaparecer la Secretaría General del Movimiento, cesaron en sus cargos volviendo a sus destinos o se incorporaron a otros nuevos. Así ocurrió en el Colegio Agustín Zancajo de Alceda.

**Las oposiciones**

En cuanto a las oposiciones que se convocaron por el Ministerio de Educación para maestras de Enseñanza Primaria[48], formaba parte de los tribunales, una representante de la Sección Femenina. Para ello, las delegaciones provinciales de la Sección Femenina presentaban al tribunal el programa de Educación Física. Con la *Ley General de Educación* cambiaron los programas, así como la composición de los tribunales.

## La Escuela de Magisterio de Santander y la Sección Femenina

En la Escuela Normal del Magisterio Primario de Santander convivieron diferentes planes, que a su vez pertenecían a políticas educativas distintas. Por un lado, se encontraba el *Plan de 1914* y el *Plan preparatorio o cultural*, para aquellos alumnos que se habían matriculado y aprobado el examen de ingreso con anterioridad a septiembre de 1931; también el *Plan profesional* de 1931, mediante el cual se estableció la coeducación y se fusionaron las escuelas normales de maestros y maestras, y con el que la Escuela Normal de Maestras de Santander pasó a denominarse Escuela Normal del Magisterio Primario, teniendo como requisito de acceso poseer el título de Bachiller. Por otro lado, el *Plan para bachilleres maestros* y el *Plan provisional* de 1942, que exigía solamente la cultura primaria para el ingreso en la Escuela Normal y al que se accedía a los doce años mediante examen.

El 14 de julio de 1945, las denominadas Cortes Españolas, las Cortes franquistas, aprueban la *Ley de Educación Primaria*, la cual dicta que el profesorado de las escuelas de Magisterio se clasifique en las siguientes categorías: numerarios, especiales, adjuntos y ayudantes. Son profesores especiales los de Religión, los de disciplinas de Formación del Espíritu Nacional, las complementarias o las de especialización determinada.

El artículo 111 del Decreto de 7 de julio de 1950, por el que se aprueba el *Reglamento para las Escuelas del Magisterio,* explicaba que el profesorado de Formación Político-Social, Enseñanzas del Hogar y Educación Física serían designados por el Ministerio a propuesta de la Jefatura Central de Enseñanzas del Frente de Juventudes o de la Delegación Nacional de la Sección Femenina. Se considerarían asignaturas especiales las asignaturas de Dibujo, Caligrafía, Formación del Espíritu Nacional (FEN), Educación Física, Labores y Enseñanzas del Hogar, Idioma y Música.

## La formación de las "profesoras especiales"

La Formación del Espíritu Nacional para las alumnas, también conocida como Formación Político-Social, era una de las asignaturas que se tenían que impartir en la Escuela de Magisterio, principalmente por las instructoras que habían estudiado en la Escuela Isabel la Católica del Pardo, en Madrid. Dichos temas se incluían en las diferentes oposiciones que se convocaban para las maestras aspirantes. Las profesoras encargadas de esta materia seguían las directrices de la Sección Femenina que, a su vez, editaba, como hemos señalado antes, la revista *Consigna*.

Ilustración 15.
Castillo-palacio
Magalia de Las
Navas del Marqués,
en Ávila[50].

La Escuela Femenina Isabel la Católica estuvo funcionando en el Palacete del Pardo desde el año 1942. De allí salieron las primeras promociones de instructoras generales, dedicadas a impartir en los centros de enseñanza la Formación Política y la Educación Física. En 1950, la Escuela Isabel la Católica se traslada al castillo-palacio Magalia de Las Navas del Marqués, en Ávila[51].

Para las alumnas, la Formación del Espíritu Nacional dependía de las directrices emanadas de la Sección Femenina. Sus profesoras se formaban en la escuela, salían con el título de Instructoras Generales y daban a la vez Educación Física y Educación Política. También seguían las indicaciones recogidas en *Consigna* y sus planteamientos en temas culturales, de teatro, labores, música, formación política, educación religiosa y educación física, entre otras.

Desde 1940, en la Ciudad Lineal venía funcionando un esbozo de lo que sería la Escuela Nacional de Educación Física Femenina, mediante cursos intensivos de tres meses. El doctor Agosti realizó un viaje a los países nórdicos y escribió un Método de Educación Física para dicha escuela.

En cuanto a la asignatura de Labores, ya en la Escuela de Estudios Superiores de Magisterio las aspirantes a ingreso en la sección de Labores tendrían que hacer ejercicios de corte, preparación y hechura de una prenda de ropa blanca, ejecución de un bordado en blanco, dibujo aplicado a las labores y responder a preguntas sobre los trabajos hechos sobre Higiene y Economía doméstica. En el plan de estudios, las profesoras que escogían la especialidad de Labores tenían que realizar unos cursos comunes, sumados a las asignaturas propias de la sección, como Labores Útiles, Labores Artísticas o Economía Doméstica[52]. Una vez que desaparece la Escuela de Estudios Superiores de Magisterio, será la Sección Femenina quien se encargue de preparar al profesorado que ha de impartir estas asignaturas, tanto en la enseñanza media como en las Escuelas Normales.

La Escuela de especialidades Julio Ruiz de Alda, inaugurada en 1959 en Madrid, dependiente de la Sección Femenina, estaba formada por las Escuelas de Profesoras de Educación Física, de Ayudantes Téc-

Ilustración 16. Título de Instructora General.

nicos Sanitarios, de Asistentes Sociales y de Profesoras de Hogar, gobernadas por una directora general y una específica dentro de cada escuela. Las profesoras de Hogar también podían capacitarse en las Escuelas Roger de Lauria, de Barcelona, y Joaquín Sorolla, de Valencia[53].

Desde 1940, se impartieron cursos para las profesoras de Hogar. Como requisitos se les exigía estar en posesión del título de Bachiller Elemental, Magisterio o Peritaje Mercantil, debiendo aprobar tres años de escolaridad, más la prueba de reválida, especializándose en Corte y Labores, Trabajos Manuales o Cocina y Economía Doméstica. Para las oposiciones a cátedras de las Escuelas Normales, debían poseer esta titulación[54]. La Sección Femenina sería la encargada de desarrollar la asignatura de Labores y Enseñanzas del Hogar en las Escuelas Normales, toda vez que se ocupará de inspeccionar los centros[55] y formar parte de los tribunales de oposiciones[56].

La ley del 6 de diciembre de 1940 encarga al Frente de Juventudes y a la Sección Femenina la Formación Política, Física y Premilitar de los jóvenes, crea

Ilustración 17. Escuela de Especialidades Julio Ruiz de Alda[57].

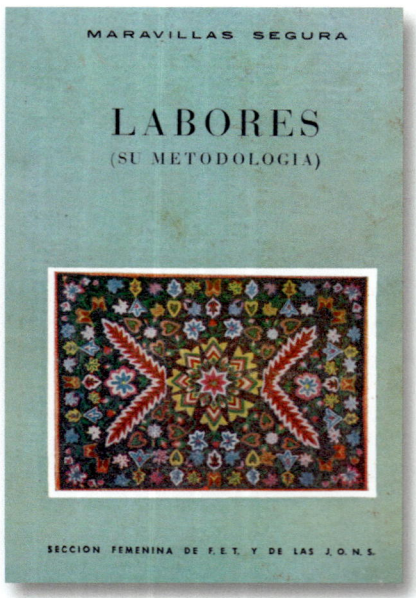

Ilustración 18. Libro de Labores de Maravillas Segura[58].

el Servicio Nacional de Instructores y se establecen dos escuelas, ya referidas: por un lado, la Academia Nacional de Mandos e Instructores José Antonio, cuyo primer director fue Julián Pemartín San Juan, al que seguirá Alberto Aníbal Álvarez; y, por otro, la Escuela Isabel la Católica, en Las Navas del Marqués, para Instructoras de Educación Física[59], que tuvo como directora a Andresa López.

Con anterioridad a 1939, la Educación Física y el deporte eran consideradas por grandes sectores de la población española como actividades poco apropiadas, a menudo peligrosas y poco relevantes para el desarrollo del modelo de feminidad y de madre que debería de caracterizar a la mujer española[60].

Respecto a Música, según la *Orden de 27 de noviembre de 1943*, entra a formar parte del currículum para las alumnas con dos horas semanales, en los cursos segundo y tercero[61]. También la *Orden de 14 de octubre de 1946* pauta dos horas semanales de Música durante el primer año y una hora semanal en los cursos segundo y tercero. El *Reglamento de Escuelas de Magisterio del 7 de abril de 1950* señala que la asignatura deberá denominarse en segundo Música, elementos de solfeo y cantos religiosos, patrióticos y escolares[62].

Los profesores que imparten la materia estudian en los conservatorios, y se les considera igualmente profesores especiales, aunque también dentro de los órganos del Movimiento se pretende que, en las actividades extraescolares y en los campamentos a los que tienen que asistir los alumnos y alumnas de las Escuelas de Magisterio, una parte importante se dedique a la Música. Dentro del Frente de Juventudes, los repertorios de canciones son principalmente himnos y marchas, junto a algunas canciones del folclore. Como ejemplos podemos citar "Prietas la filas", "Vale quien sirve", "En pie flechas de España", o "Canción de la hermana lluvia". En general fueron los medios de propaganda y adoctrinamiento político.

Por su parte, la Sección Femenina organiza cursos para instructoras de Música de seis meses de duración para posteriormente convertirse en carrera, con una duración de dos años y obteniendo el título de profesoras de Música[63]. Publican, entre otras, *Mil canciones españolas*, *El cancionero de la Sección Femenina*, y *Las canciones infantiles*. Predominan las piezas de tipo religioso y los romances, y serán llevadas a todas las escuelas de Enseñanza Primaria y también a las Normales[64].

Ilustración 19. Portada del libro de Canciones Infantiles editado por la Sección Femenina.

En lo que se refiere a las enseñanzas encomendadas a la Sección Femenina, se pautan en el *Reglamento de Escuelas Normales* del 7 de agosto de 1950. Se establece que las Enseñanzas de Hogar, Educación Física y Formación Política-Social, como asignaturas integrantes del Plan de Estudios de la carrera del Magisterio, se darán en aulas y dependencias de las Escuelas Normales destinadas a este fin.

En cuanto a la enseñanza de Educación Física, en todas las escuelas habrá campo de deportes y gimnasio, cuyo cuidado estará a cargo de la profesora de Educación Física. El equipo de profesorado nuevo en las escuelas del Magisterio lo formarán la profesora de Formación Política-Social, la profesora de Hogar y la profesora de Educación Física. A todos los efectos, figurará como jefe de estas enseñanzas dentro de las escuelas de Magisterio, la profesora de Formación Político-Social. Todas estas profesoras serán nombradas por el Ministerio de Educación Nacional a propuesta de Sección Femenina, así como sus correspondientes auxiliares. En cuanto a la formación política, el artículo 69 del *Reglamento* indica la necesidad de que se celebren las fiestas conmemorativas y se asista a los actos políticos que contribuyen a la formación. Y hay otros, como el artículo 173, que ordena que se ice y arríe la bandera diariamente en la escuela bajo la dirección del profesorado de Formación Político-Social. A las maestras, el *Reglamento* se dirige en los siguientes términos, que reproducimos literalmente

> La labor vuestra en la escuela no debe terminar al fin de la carrera, sino que debe continuar posteriormente. Tenéis que procurar no perder este contacto formativo, por medio de los grupos de coros y danzas que hayáis formado, así como por los equipos deportivos. En aquellas poblaciones donde existan Círculos Culturales Medina, procuréis que se asocien, o al menos invitaréis tanto a antiguas alumnas como al profesorado de las escuelas de Magisterio, en aquellas actuaciones que merezcan la pena[65].

Además, a fin de que las mejores alumnas de las escuelas de Magisterio, tanto por sus historiales intelectuales como por los méritos falangistas, puedan gozar de los beneficios de la protección escolar en sus diversas formas, como se determina en los artículos 43 al 45 del *Reglamento de Escuelas de Magisterio*, la profesora de Formación Política de la Normal formará parte del tribunal que se constituye para la concesión de becas.

Ya en las Juntas de profesorado, se plantea como obligatoria la asistencia del profesorado de Hogar a las reuniones trimestrales, dejando constancia de su asistencia por escrito. Todos los asuntos que se traten en tales Juntas y estén relacionados con las escuelas de Magisterio serán recogidos y enviado el duplicado del acta que se levante a la Regiduría Central de Educación.

A las maestras que obtuvieron la calificación mínima de aprobado en los tres cursos de carrera, en Formación Política-Social, Educación Física y Hogar, siempre que hubieran sido examinadas por profesorado acreditado por el Ministerio a propuesta de la Sección Femenina y hubieran obtenido el certificado de haber asistido con aprovechamiento al turno de albergue ordenado en el *Reglamento de Escuelas del Magisterio* se les extendió el título de Instructora Elemental de Hogar y Juventudes, obligatorio para poder obtener el Título de Maestra de Primera Enseñanza, así como para poder tomar parte en oposiciones a ingreso en el Magisterio Nacional.

Para el turno de albergue, se implantaron las cartillas de cotización con el fin de que las alumnas que asistieran al curso interno pudieran ir abonando cantidades parciales y, al llegar la fecha del curso, tuvieran fondos y estuviera pagada la casi totalidad de la cuota de manutención. Se compraban sellos cada mes, con cada cuota, y de esta forma se pretendía fomentar el sentido del ahorro. La profesora de la Sección Femenina era la responsable de los sellos de cotización, aunque la tarea tuvo carácter voluntario.

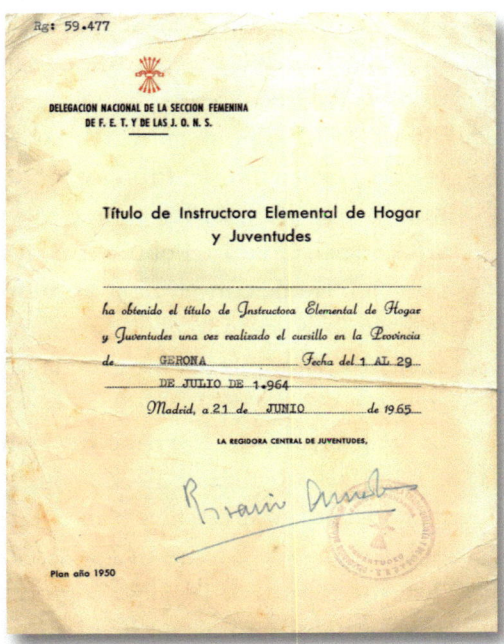

Ilustración 20. Título de Instructora Elemental.

## Regulación de la Escuela Universitaria de Formación del Profesorado de EGB

Durante el curso 71-72 se lleva a cabo, en varias Escuelas Normales, el *Plan experimental de estudios* para preparar la elaboración del nuevo plan, ya que estas escuelas iban a pasar al nivel universitario. Para el *Plan Experimental*[66], en lo que concierne a la enseñanza de las materias de la Sección Femenina, concretamente a la Formación Político-Social y Cívica, desde la secretaría técnica se enviaron unas normas en un oficio circular, el número 87, por el que se indicaba que las profesoras de Formación Política de las Escuelas Normales con *Plan Experimental* confeccionarían su propio temario, teniendo como directrices los cuestionarios de las didácticas del plan vigente. En dicho oficio circular se indicaba, además, que el profesorado envíase a la Regiduría de Formación los cuestionarios redactados de acuerdo con las indicaciones pertinentes y que las profesoras de Escuelas Normales enviasen contestación a los datos solicitados por la Sección Femenina para tener una base en la elaboración del nuevo *Plan de estudios de Magisterio* que se preparaba.

Julia Esaverri, asesora de Formación Política, juzgaba interesante que los directores de estos centros universitarios dedicasen parte de las mañanas de los sábados a actividades extraescolares como en EGB y Bachiller, con carácter voluntario, para planificar actividades de tipo práctico en relación con la clase de Formación Político-Social.

En 1972 se pone en marcha el *Plan Experimental* en las Escuelas Universitarias de Formación del Profesorado de EGB y a nivel nacional se forma una Comisión para plantear los contenidos y cómo afectan a la Didáctica de la Educación Social, Cívica y Política. Las instructoras generales de juventudes tendrán la oportunidad de convalidar sus títulos, según el reglamento, enviando un trabajo y realizando un cursillo en régimen intensivo en las Navas del Marqués o en la Escuela José Antonio del Castillo de la Mota.

## La asignatura de Formación Política en los estudios de las maestras

En la asignatura de Formación Política, se impartían a las alumnas una serie de conceptos importantes para el Régimen como "nacionalsindicalismo" o "justicia social" y se llevaba a cabo la lectura de las *Obras Completas* de José Antonio, diversos escritos de la Iglesia y propuestas de formas de convivencia política que, a juicio del Régimen, podrían resolver los problemas del hombre actual desde el punto de vista cristiano de la existencia.

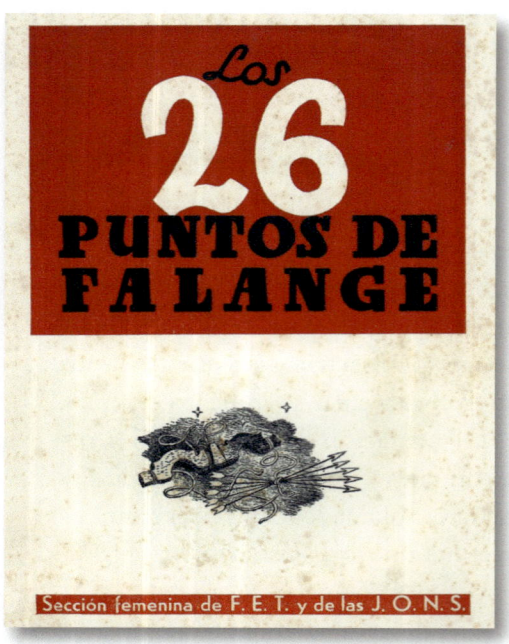

Ilustración 21. Los 26 puntos de la Falange[67].

A partir de la *Ley General de Educación*[68], las profesoras de esta asignatura tuvieron que renovarse. En 1974, se celebró un cursillo de Formación Política que iba dirigido al profesorado de Escuelas Universitarias de Formación del Profesorado de Enseñanza General Básica (EGB). Del 23 al 28 de septiembre, contó con la asistencia de las profesoras que poseían el título nacional siendo instructoras generales, licenciadas con curso específico o maestras en posesión del diploma por convalidación.

En la *Ley General de Educación*, la Formación Política resulta ser una materia altamente cualificada, que queda a cargo de profesorado debidamente titulado y competente, con gran sentido de responsabilidad para su continuo perfeccionamiento. Se considera necesario que, en lo posible, la titulada de esta materia sea instructora general, licenciada o diplomada como profesora de Formación Política.

## Las profesoras de Economía Doméstica y Labores

A partir de 1940, la disciplina de Enseñanzas del Hogar y Labores[69] quedó a cargo del profesorado especial titulado de la Sección Femenina que se había formado en las Escuelas de Especialidades de distintos territorios: Julio Ruiz de Alda en Madrid, Roger de Lauria en Barcelona, o Joaquín Sorolla en Valencia. Estas profesoras preparaban a las futuras maestras para que las enseñanzas de Hogar se condensasen en torno a la familia y ellas mismas preparasen a las niñas para contribuir a la conservación, arreglo y embellecimiento del hogar.

Ilustración 22. Manual de cocina[70].

Ilustración 23. Muestra de Labores de la maestra Exaltación de la Cruz (Crucita).

49

La Sección Femenina[71] confeccionó un documento de carácter oficial para dar validez el título de Labores en el Ministerio de Educación que, extendido por la Delegación Nacional de la Sección Femenina, surtiera efectos en el Ministerio, para poder presentarlo a las oposiciones de Escuelas Normales. Sólo se consideraba válida, para que los títulos o certificados fueran canjeados por el oficial, la condición de haber cursado los dos últimos cursos nacionales de nueve meses de duración en la especialidad de Labores en el Pardo o en Poblet, o aquellas profesoras que hubieran seguido los cursos especiales de cultura externos convocados en los distritos universitarios durante el año 1955.

Con carácter excepcional y por una sola vez, todas las afiliadas que teniendo otro curso nacional de Hogar quisieron presentarse a las oposiciones pudieron enviar el álbum de labores sin cuyo aprobado no era posible obtener el título.

## NOTAS DEL CAPÍTULO 3

[44] A.H.P.C., Legajo 28-10, Sección Femenina.

[45] A.H.P.C., Legajo 29-3, Sección Femenina.

[46] Delegación Nacional de la Sección Femenina del Movimiento.

[47] A.H.P.C., Legajo 123-2, Sección Femenina.

[48] A.H.P.C., Legajo 236-5, Sección Femenina.

[49] Sección Femenina de FET y de las JONS.

[50] https://sobreespana.com/2011/03/16/las-navas-del-marques-en-avila/.

[51] SUÁREZ FERNÁNDEZ, Luis, *Crónica de la Sección Femenina y su tiempo*, Madrid, Asociación Nueva Andadura, 1992, págs. 259-260.

[52] FERRER C. MAURA, Salvador *Una Institución docente española. La Escuela de Estudios Superiores del Magisterio (1909-1932)*, Madrid, Editorial Cedesa, 1973, págs. 40-71.

[53] SUÁREZ FERNÁNDEZ, *Op. cit.*, págs. 465-466.

[54] Sección Femenina de FET y de las JONS, *Profesiones femeninas. Profesora de Enseñanza de Hogar*, Madrid, Artes Gráficas Ibarra, 1965, págs. 1-6.

[55] RAH, Carpeta 2 A bis, Sig. 155, Normas reglando las inspecciones de Escuelas de Hogar. Fondo de la Sección Femenina entregado por "Nueva Andadura".

[56] RAH, Carpeta 2, Sig. 111, Circular número 182 enviada a las Camaradas Delegadas Provinciales de la Sección Femenina que han de formar los tribunales para oposiciones al Magisterio. Fondo de la Sección Femenina entregado por "Nueva Andadura".

[57] https://aqmapacolorca.blogsport.com/2014/04/el-muro-de-la-almudena-htm/.

[58] Fuente: Sección Femenina de FET y de las JONS.

[59] PASTOR PRADILLO, José Luis. *El espacio profesional de la Educación Física en España: Génesis y formación (1883-1961)*, Madrid, Servicio de publicaciones de la Universidad de Alcalá, 1997, págs. 551-554.

[60] *Ibid.*, pág. 563.

[61] CASTAÑON RODRÍGUEZ, Mª del Rosario, "El profesorado de educación musical durante el franquismo", *Revista Electrónica Interuniversitaria de Formación del Profesorado*, 12.4, [AÑO], págs. 97-107.

[62] *Ibid.* pág. 99

[63] Ver SUÁREZ FERNÁNDEZ, *Op. cit.*, págs. 283-285 y 465-466.

[64] CASTAÑÓN, *Op. cit.*, págs. 98-107.

[65] A.H.P.C., Legajo 122-4, Sección Femenina.

[66] A.H.P.C., Legajo 122-2, Sección Femenina.

[67] Fuente: Sección Femenina de FET y de las JONS.

[68] A.H.P.C., Legajo 123-2, Sección Femenina.

[69] A.H.P.C., Legajo 236-1, Sección Femenina.

[70] *Fuente: Sección Femenina de FET y de las JONS.*

[71] A.H.P.C., Legajo 122-5, Sección Femenina.

# 4.- ENSEÑANZAS ESPECIALES EN EL BACHILLER Y SU RELACIÓN CON LA SECCIÓN FEMENINA

El 16 de octubre de 1941 se estableció para todo el Estado una orden que ponía a cargo de la disciplina de Educación Física y Política al Frente de Juventudes. Además, se regulaba el régimen interno de los institutos, y se establecían asignaturas que se tipificaban como "femeninas", como las Enseñanzas del Hogar.

Por su parte, la *Ley de 26 de febrero de 1953 sobre Ordenación de la Enseñanza Media,* en su artículo quinto, establecía que el Estado cuidaría y velaría en todas las instituciones de Enseñanza Media por la correcta Formación del Espíritu Nacional de acuerdo con los principios fundamentales del Movimiento y mediante las asignaturas a tal efecto destinadas. Según el artículo 45 del mismo texto legal, el profesorado especial de Formación del Espíritu Nacional y de Educación Física, así como el de Enseñanzas del Hogar sería designado de acuerdo con las delegaciones nacionales del Frente de Juventudes y de la Sección Femenina de FET y de las JONS respectivamente. Esto se completa en el artículo 85, que establece que la Formación del Espíritu Nacional y la Educación Física para las alumnas, además, las Enseñanzas del Hogar, serían fundamentales, obligatorias y debidamente atendidas en los planes de todos los cursos, en los horarios escolares, en los exámenes y en las pruebas de grado. Posteriormente, saldrían los reglamentos y cuestionarios para las distintas asignaturas del nuevo *Plan de Estudios del Bachillerato Elemental,* que fueron aprobados por el *Decreto 1106/1967, de 31 de mayo*. En dichos cuestionarios aparecían las asignaturas de Formación del Espíritu Nacional, Enseñanzas del Hogar o Formación Manual y Educación Física y Deportiva que serían encomendadas a la delegación nacional de la Sección Femenina y del Frente de Juventudes.

Este nuevo plan de Bachillerato afectó no solo a estas enseñanzas sino también a las actividades de tiempo libre, las lecturas dialogadas, las audiciones musicales, las actividades de biblioteca y de aire libre. En este plan, por primera vez en España, a todas estas actividades se las reconocía valor educativo, dedicándoles seis horas semanales.

## Las Enseñanzas de Hogar

Las Enseñanzas de Hogar buscaban aportar una formación a la mujer española y por eso fueron reconocidas por el Estado como necesarias e imprescindibles en todos los planes de los distintos estudios: Bachillerato, Comercio, Magisterio, Enseñanza Profesional… En todas ellas, se atribuye la dirección a la Delegación Nacional de la Sección Femenina.

Las profesoras se capacitaron en la Escuela de Especialidades Julio Ruiz de Alda en Madrid, la Roger de Lauria de Barcelona y la Joaquín Sorolla de Valencia, ya comentadas. La titulación se denominaba Profesora de Hogar, primeramente, y después Profesora de Formación Económica y técnicas aplicadas al Hogar.

Ilustración 24. Dechado o costurero realizado en los años 70.

Los jefes de la Escuela de Hogar en los Institutos debían de poseer el título de Profesora de Hogar o tener aprobadas las oposiciones "diezmilistas", para ciudades y pueblos de 10.000 habitantes, o ser licenciadas en curso provincial.

En Reinosa se celebró en 1953[7] un curso para profesora de Hogar, y algunos gastos los sufragó el propio Ayuntamiento. En Polanco también se celebraron dos cursos, uno en 1952 y otro en 1964. Algunas profesoras de Hogar que habían hecho los cursos provinciales al amparo del *Decreto de 10 de noviembre de 1960* pudieron revalidar su título por el oficial, según las condiciones exigidas por el Ministerio de Educación Nacional. Las Enseñanzas de Hogar se transformaron con la *Ley General de Educación en Enseñanzas y Actividades Técnico Profesionales en el Bachillerato Unificado Polivalente (BUP)*. La Regidora Central de Cultura estatal, María Josefa H. San Pelayo, se dirigió en una carta a las delegadas provinciales comunicándolas que, con respecto a la enseñanza de Pretecnología, pero en el nivel de EGB, deberían apoyar y defender la presencia de las profesoras de Hogar, al igual que en la Formación Política y la Educación Física.

Con el fin de valorar su importancia[74], se llevan a cabo los concursos nacionales de Labores y Trabajos Manuales. Así, en 1972, se convoca el concurso de manualidades, que se realizará con los materiales que habitualmente se utilizaban: fieltros, lanas, esmaltes, estaño, etc. En los trabajos de Labores y Costura se realizaron mantelerías, sábanas y encajes de confección entre otros enseres. Los trabajos de Cocina tenían que incluir un mínimo de diez recetas originales para los grupos y de tres recetas para los concursos individuales. Todos los trabajos se tenían que acompañar de un proyecto con una explicación detallada.

A partir de la *Ley de Educación* de 1970[75], hubo varios cursos de renovación de título para las profesoras que los habían obtenido en anteriores convocatorias y se realizó en la Escuela Nacio-

Ilustración 25. Portada del libro de Economía Doméstica[73].

nal Julio Ruiz de Alda. Se convocó también, para los años académicos 1973-74 y 1975-76, un curso para profesoras[76] de Formación Económica Familiar y Técnicas aplicadas al Hogar, cuya duración académica era de tres cursos académicos y cuyo requisito de admisión era el título de Bachiller Superior. Se realizaron, al igual que cursos de Actualización para el profesorado de Formación Económica y Técnicas aplicadas al hogar, en colaboración con los Institutos de Ciencias de la Educación (ICE) y, según la *Orden de 22 de marzo de 1975 por la que se desarrolla el Decreto 160/1975, de 23 de enero, que aprueba el Plan de Estudios del Bachillerato, y se regula el Curso de Orientación Universitaria,* los centros de Bachillerato ofrecerían enseñanzas de Diseño y en los femeninos y mixtos también se ofrecerían Técnicas de Hogar.

## La música en el Bachiller

Uno de los menesteres de la Regiduría de Cultura fue la difusión de la música, no ya no solamente la conservación del folklore, sino que, de modo más general, se aspiraba a despertar la afición a la música culta a través de conciertos en los

Ilustración 26. Portada del Libro de Música. Editado por la Sección Femenina.

Círculos de Medina. Como no se consiguió hacer obligatoria la enseñanza de la música en el Bachillerato, se estableció como puntuable entre las asignaturas de Hogar.

Con la *Orden Ministerial de 30 de junio de 1941* se incluyeron en el Bachillerato los estudios de Música y en cada instituto femenino se estableció una Escuela de Hogar, a cargo de la cual había una directora y una secretaría, que se encargaban de organizar y coordinar las materias de Educación Física, Política y Hogar.

La asignatura de Hogar se dividía en nueve asignaturas, que se impartían a lo largo de tres cursos: Economía Doméstica, Labores, Corte y Confección, Cocina, Trabajos Manuales, Convivencia Social, Higiene, Puericultura y Música. La *Ley de En-*

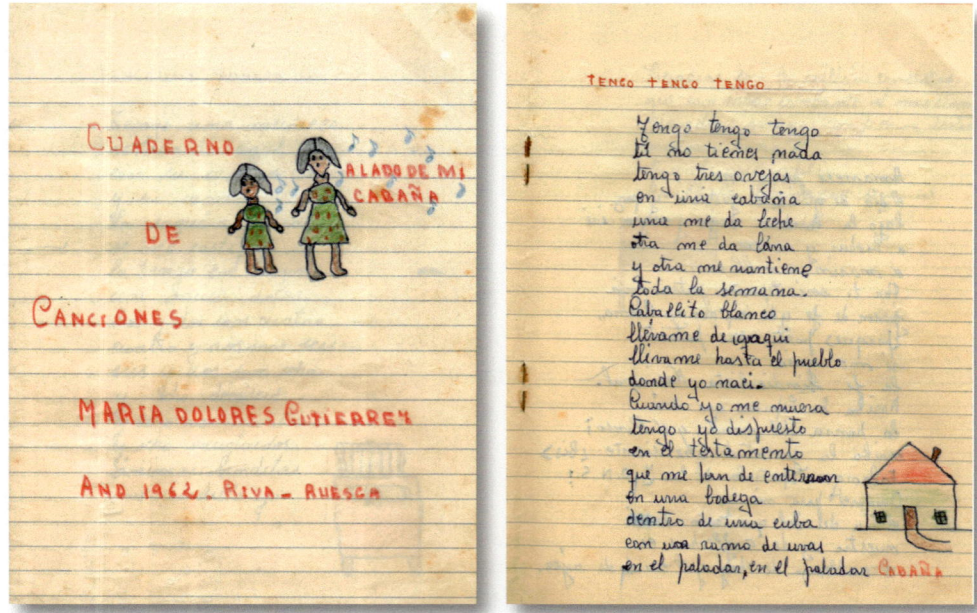

Ilustraciones 27 y 28. Cuaderno de canciones de María Dolores Gutiérrez.

*señanza Media* de 1953 contemplará las enseñanzas de Hogar junto con la Música para el alumnado femenino.

Como complemento a la asignatura de Música[77], en agosto de 1961, dio comienzo el Curso de audiciones musicales en Santander al que asisten doce niñas que fueron finalistas y que por ello participaron en el Concurso Nacional. Como actividades complementarias, se representaron teatros leídos, como *El cartero del Rey* y *Las mocedades del Cid*, se dieron clases de Religión y Polític,a además de las clases de Convivencia y se realizaron dos excursiones, a la ría de Cubas y a las cuevas de Altamira.

El 24 de noviembre de 1975[78], se establecen por parte del Ministerio de Educación Nacional las orientaciones para el desarrollo de la asignatura de Música en el Bachillerato. Según la *Orden de 22 de marzo de 1975*, desarrollada en el BOE del 18 de abril de 1976, seguirán impartiendo Música las profesoras que con la titulación específica estén nombradas e incluidas en la *Ley de Retribuciones, 3/1971 de 17 de febrero*. Y en 1975[79] se convocan cursillos para profesoras de Música en Enseñanza Media en los Institutos de Ciencias de la Educación (ICE).

## La formación política

La asignatura de Formación Política que se imparte en los institutos es impartida por las instructoras generales, que obtienen su capacitación en las Escuelas del Pardo, Las Navas del Marqués y en la filial de Barcelona o en la ya referida Escuela Mayor de Formación José Antonio, en Madrid, y en el Castillo de la Mota, en Medina del Campo (Valladolid ).

El objetivo de la enseñanza en esta asignatura es dar a las alumnas los conocimientos necesarios para que sepan vivir los distintos tipos de situaciones y problemas personales y familiares teniendo consciencia de sí mismas como personas con derechos y deberes. Se trata de hacerles comprender la responsabilidad de la vida social y política en los diferentes niveles, mediante el estudio del Estado, su organización y funciones, así como los —escasos— cauces de participación en las tareas públicas, siguiendo las directrices del Movimiento Nacional.

El recorrido legislativo comienza a partir de la *Orden Ministerial de 30 de junio de 1941*, que contempla impartir enseñanzas de Política en el Bachillerato mediante la llamada Formación del Espíritu Nacional.

La *Ley de Enseñanza Media* de 26 de febrero de 1953, y posteriormente el *Plan de Bachillerato de 1967* contemplan estas enseñanzas. A partir de la Ley de Educación de 1970, el Ministerio exige una titulación previa y capacitación mediante cursos, que las profesoras de Formación Política podrán convalidar. Para ello, se llevan a cabo diferentes cursos de actualización. Ya en 1960 para dar a las profesoras de Formación Política una orientación acerca de los programas, contenidos y textos de los nuevos planes de enseñanza oficial con la orientación y didácticas correspondientes a los mismos, se habían convocado cursos de orientación y actualización en Madrid. Tiempo después, en 1972[80], se realizará el Curso para diplomadas y licenciadas en la enseñanza de Formación Política. A partir de la Ley de Educación de 1970, los contenidos de los libros se centrarán más en la convivencia social y las relaciones humanas.

Ilustración 29. Libro de Formación Política.
Editado por la Sección Femenina.

En el Castillo de Las Navas del Marqués, en Ávila, en 1973, se celebra en régimen intensivo un cursillo para que puedan convalidar sus títulos las profesoras de Formación Política que obtuvieron el título de instructora general u otros títulos obtenidos en cursos especiales convocados por la Sección Femenina.

Posteriormente, en 1974[81], se convocan cursos de actualización y perfeccionamiento para el profesorado de Formación Política en Centros de Formación Profesional de Primer Grado, que imparten las asignaturas de Formación Social-Económica, sindical y empresarial. Se llevan a cabo en San Sebastián y colabora la Universidad Politécnica de Madrid y la Delegación Nacional de la Juventud.

En 1975[82], se emplaza al profesorado de Política de 1º y 2º grado de Formación Profesional a un cursillo de perfeccionamiento. Interesa que la Formación Política sea una materia altamente cualificada, a cargo de profesorado debidamente titulado y competente, con el sentido de responsabilidad necesario para su continuado perfeccionamiento. Para ello es necesario que, en lo posible, la titular de esta materia sea instructora general, licenciada o diplomada como profesora de Formación Política.

También en 1975, en El Escorial (Madrid), se celebra un cursillo para el profesorado de Bachillerato organizado nuevamente por el Instituto de Ciencias de la Educación de la Universidad Politécnica de Madrid, la Delegación Nacional de la Juventud y la Delegación Nacional de la Sección Femenina, y que está dirigido a instructoras generales o licenciadas que hayan hecho su convalidación. Será este un curso mixto y se celebrará en el Castillo de la Mota.

En 1976, se celebrará un curso monográfico en la Escuela Isabel la Católica[83] que se ubica en las Navas del Marqués y está dirigido al profesorado de Política. Su temario básico incluye cuatro temas: actividad económica en España; sistema económico; intervención del Estado en materia económica y social; y España y la Comunidad Económica Europea.

En enero de 1977, en Estepona (Málaga), se convocan nuevos cursos para profesoras tituladas en Educación Cívica, Social y Política en colaboración con el Instituto de Ciencias de la Educación de la Universidad Politécnica de Madrid, la Delegación Nacional de la Juventud y la Sección Femenina.

### Los concursos de Formación Política

Por otra parte, y con el fin de motivar al profesorado y alumnado de esta materia[84], anualmente se convocaban concursos de Formación Política. Consistían en la elaboración de un trabajo monográfico sobre un tema a elección del alumnado entre los que estaban incluidos en los programas de los distintos cursos, pero siempre orientados a reflejar la realidad de España con un sentido político, para lo cual, la alumna debería relacionar el tema con la geografía, la historia, el arte y la literatura, según considerara oportuno. A partir de tercero de bachiller, debían incluir en los trabajos algunos textos sobre diferentes pensadores, como José Antonio Primero de Rivera.

En esta línea, en 1975, se convocan concursos de Formación Política[85] pero ya para todos los niveles de enseñanza. El tema propuesto ese año pretendía que el alumnado relacionara Juventud y contenido o esquema de los Principios Fundamentales, en concordancia con las Leyes Fundamentales. En 1975, se concede el segundo premio para los alumnos de segunda etapa de EGB pertenecientes al Colegio Agustín Zancajo de Alceda, en la Provincia de Santander.

Al igual que para los alumnos de enseñanza media, se llevan a cabo los concursos de Formación Política en los colegios de EGB para la primera etapa, consistente en un trabajo monográfico sobre el tema de la Patria. Para la segunda etapa, se pide explicar el sentido del siguiente texto de José Antonio: *"Pensar que la Patria es un gran barco donde todos debemos remar, porque juntos nos hemos de salir o juntos pereceremos"*. Para los centros de Bachillerato, Escuelas Universitarias de EGB y Escuelas de Formación Profesional, el concurso consistió, finalmente, en la realización de un trabajo monográfico sobre el tema "Juventud y autenticidad" o "Esquema de los principios fundamentales y concordancia con las Leyes Fundamen,tales" que debían completarse con el pensamiento político de José Antonio, como observamos siempre dentro del Movimiento Nacional.

## La Educación Física de las maestras

Prácticamente desde su creación, la Sección Femenina se preocupa por la Educación Física como parte importante de su interés por formar íntegramente a la mujer. Quieren desarrollar un ejercicio físico y deportivo bien que consiga "no sólo el fortalecimiento y desarrollo corporal, sino el enriquecimiento de la persona a través de la aplicación de métodos pedagógicos adecuados"[86]. La sociedad española de la época estaba poco acostumbrada a ver a las mujeres ejercitándose físicamente. Desde la Regiduría de Educación Física se plantearon tres objetivos: la perfección del cuerpo, necesaria para el equilibrio de la persona humana; la salud del alma, que necesitaba a su vez de ese equilibrio como parte de la formación religiosa; y el espíritu de competitividad.

Se entendía que la mujer estaba fuertemente marcada por su condición física y su capacidad de traer hijos al mundo, y sólo se planteaban actividades físicas que no se alejaran de su feminidad, vinculada a su capacidad de maternidad. Por eso, la que llegara a destacar en tareas tradicionalmente masculinas, lo haría a costa de masculinizarse o "virilizarse". Mientras que en los chicos se veía normal que dieran saltos, giros, carreras, luchas, en las chicas esas actividades estaban peor vistas socialmente y sus juegos tendrían que ser siempre más sedentarios.

Según el informe que la *Regiduría Central de Educación Física* elaboró en 1945, había que buscar ejercicios físicos ideales desde el punto de vista moral y técnico y por eso se señalaron, en principio, la gimnasia, la danza y el ritmo, uniendo la danza clásica a los bailes regionales. También se seleccionaron cinco deportes: esquí, natación, hockey, balonmano y baloncesto. El atletismo de competición no se incluirá en la lista hasta 1961, aunque restringiendo algunas pruebas por ser demasiado extenuantes o masculinizadoras.

Como apreciamos, se advierte una dicotomía en función de los planteamientos que se quiere transmitir a través de la actividad física. Por un lado, se pretende que la mujer encuentre un campo apropiado para poder satisfacer sus deseos de moverse, conocer su rendimiento corporal, cooperar, competir. Pero por otro, debe tener presente una gran cantidad de controles a los que debe someterse. No es de extrañar, por tanto, que se hicieran comentarios como este que apareció en *El Correo* de Mallorca, el 4 de noviembre de 1941, titulado "Atletismo femenino":

Ilustración 30. Fotografía de los Campeonatos de Gimnasia de las alumnas
de Magisterio de Santander.

Los objetivos que se pretenden con la Educación física no son el
desarrollo de las capacidades personales de la mujer, sino la mejora
de la "raza", por una parte, y la inculcación de una disciplina y una
moral que pudiese servir a los intereses del alma, por lo que "gimnasia física" sí, pero con gimnasia espiritual, higiene corporal, más con
higiene moral[87].

Los controles se percibían, por ejemplo, en la incomodidad del vestuario para realizar movimientos con pantalones azules de gimnasia tan anchos que pare-
cieran faldas de vuelo, hasta media pantorrilla, con blusas de una amplitud suficiente para que no se ciñeran al cuerpo. Por ello, podemos deducir que a pesar de
impulsar el deporte femenino —signo de progreso y defensa de la igualdad de
oportunidades— se chocaban con muchos prejuicios sociales.

La Sección Femenina transmitía a través de sus textos oficiales mensajes sobre
su concepto de Educación Física, cuya finalidad era conseguir que la mujer tenga como meta el perfeccionamiento del cuerpo para mejor servir los intereses del
alma: tener hijos y cuidar de la familia[88]. En todos sus planteamientos hacían hin-

capié en la moral a seguir, y se castigaba a aquellas deportistas que la incumplían, e incluso a todo el equipo si así se estimaba oportuno.

Dado que la ubicación social de la mujer debía ser el hogar y las labores domésticas, proponían una actividad física que hacía innecesario salir del mismo, aprovechando las tareas del hogar para realizar un ejercicio completo. Así, la limpieza de suelos, quitar el polvo de los sitios altos, limpiar cristales, sacudir la ropa... eran equiparados a un deporte, y así lo recogían algunos manuales como el de Rafael Chaves Fernández, oficial instructor, profesor de Educación Física de la Academia José Antonio y de la Universidad Central de Madrid, con su obra *La gimnasia en familia*. Por su parte, la Sección Femenina se encontró a menudo con la Iglesia como limitación a sus propuestas: tal fue el caso con el arzobispo de Valladolid, que prohibió a las alumnas de la Escuela de Mandos de la Mota de Medina del Campo hacer desplazamientos en bicicleta al pueblo, o la prohibición del obispo de Málaga, Balbino Santos Olivera, para que no se llevasen a cabo las clases de Educación Física en los colegios, ni enseñaran puericultura por considerarlo inmoral[89].

Con todo, la Sección Femenina se esforzó desde el inicio en conseguir el asesoramiento de expertos para formar planes de estudio e instruir a las futuras responsables docentes. En 1939, con motivo del III Consejo Nacional de la Sección en Zamora, Luis Agosti, asesor deportivo muy reconocido, presentó a la delegada nacional un plan de formación de instructoras con tres contenidos principales, como se adelantó líneas atrás: gimnasia neosueca, ritmo y danza. El objetivo que planteaba no era desarrollar los músculos, sino la gracia y belleza en los movimientos. A su juicio, "el deseo de educar físicamente a la mujer para equipararla en aptitud al hombre, está en pugna con una ley biológica universal"[90].

La idea fue respaldada por Pilar Primo de Rivera, pues consideraba esencial atender en el deporte a la condición femenina, algo que la propuesta de Agosti hacía. Los primeros cursos de formación de instructoras duraron entre tres y cuatro meses y fueron supervisados por él. Ellas se limitaban a poner en práctica unas tablas al estilo de la gimnasia sueca y luego fueron aplicando algunas nuevas aportaciones de especialistas en gimnasia infantil, como las de D. Falk, M. Carlquist o E. Björksten[91].

En cuanto a Magisterio, la Educación Física tendrá como objetivo dar a conocer el *Plan de Educación Física Femenino* en la Enseñanza Primaria y se basaba en cinco variables: los juegos, la gimnasia educativa, el ritmo, los deportes y aire libre y las pruebas de aptitud.

## NOTAS DEL CAPÍTULO 4

[72] A.H.P.C., Legajo 41-5, Sección Femenina.

[73] Sección Femenina de FET y de las JONS.

[74] A.H.P.C., Legajo 236-1, Sección Femenina.

[75] A.H.P.C., Legajo 122-9, Sección Femenina.

[76] A.H.P.C., Legajo 129-9, Sección Femenina.

[77] A.H.P.C., Legajo 156-7, Sección Femenina.

[78] A.H.P.C., Legajo 236-1, Sección Femenina.

[79] A.H.P.C., Legajo 123-3, Sección Femenina.

[80] A.H.P.C., Legajo 122-2, Sección Femenina.

[81] A.H.P.C., Legajo 123-2, Sección Femenina.

[82] A.H.P.C., Legajo 123-3, Sección Femenina.

[83] A.H.P.C., Legajo 123-4, Sección Femenina.

[84] A.H.P.C., Legajo 123-1, Sección Femenina.

[85] A.H.P.C., Legajo 129-2, Sección Femenina.

[86] En palabras de Luis Agosti, recogidas por Suárez, L (1993) Suárez Fernández, L.: Crónica de la Sección Femenina, Madrid, Asociación Nueva Andadura, (1993).

[87] Artículo anónimo. Citado por Pastor i Homs, Mª. I.: *La Educación femenina en la postguerra (1939-1945). El caso de Mallorca*, Madrid, Ministerio de Cultura, Subdirección General de la Mujer, (1984). P. 61.

[88] Manrique Arribas, J.C. (2003). La Educación Física femenina y el ideal de mujer en la etapa franquista. *Revista Internacional de Medicina y Ciencias de la Actividad Física y el Deporte vol. 3 (10)* págs. 83-100 http://cdeporte.rediris.es/revista/revista10/artmujer.htm.

[89] Vid. Op. cit. , pág. 95.

[90] Agosti citado en p. Cit., p.97.

[91] Op. cit. , p. 96.

# 5.- INSTITUCIONES DE LA SECCIÓN FEMENINA

## El colegio Agustín Zancajo de Alceda

Situado en la localidad de Alceda, en un principio fue balneario; después pasó a ser estación preventorial para niñas que presentaban algún tipo de enfermedad, como problemas respiratorios. Más tarde, fue patronato de la Sección Femenina y albergue de verano para los cursos de Magisterio.

Ilustración 32. Emblema del Colegio Agustín Zancajo de Alceda.

La Sección Femenina no pretendía hacer la competencia al Estado al crear estas escuelas, ya que la misión de enseñanza fue función exclusiva de éste. Para la Sección Femenina, como organismo colaborador y político cuya

Ilustración 31. Representación del Teatro en Navidad (Fuente: CDIS[92]).

## El coro de niñas del Colegio Agustín Zancajo, de Alceda, segundo premio nacional

*EN EL CONCURSO RADIOFONICO ESCOLAR DE RADIO NACIONAL*

Ilustración 33. Información del diario Alerta, 24 de octubre de 1971.

competencia fue la exigencia y perfeccionamiento en la enseñanza, trató mediante un reducido número de escuelas-modelo, de ayudar y aportar nuevas fórmulas de enseñanza, siempre siguiendo los principios del Movimiento Nacional.

Una vez creado y transformado el grupo escolar en régimen de patronato[93], se convocó un concurso-oposición entre maestras propietarias, solteras o viudas, sin hijos y militantes de la Sección Femenina, y con servicios prestado en la organización. Las aspirantes a directoras tuvieron que presentar, además, un proyecto de organización escolar para poder desarrollarlo ante un tribunal.

El Colegio Agustín Zancajo no sólo se dedicó a la Enseñanza Primaria, sino que fue sede de los cursillos de Magisterio que se celebraban principalmente durante el verano para capacitar a las maestras en las enseñanzas de Instructora de Hogar, primeramente, y, después, en los Cursos de Capacitación en Actividades del Tiempo Libre. En el informe del curso para alumnos de segundo año de Magisterio de 1971[94], se dice que el curso duró cuatro semanas, y que la jefe de curso debería ser la profesora de Política de la Escuela Normal de Magisterio.

### El Colegio Menor de Santa María Bien Aparecida

Este edificio, ubicado en la calle Gómez Oreña[95], número 5, en la ciudad de Santander, dotado de salón de actos y comedor, para atender a alumnos de Segunda Etapa de EGB, Bachiller y Formación Profesional, tenía capacidad para 70 alumnas. Actualmente es la sede del Ateneo de Santander.

Su finalidad era doble, pues pretendía "proporcionar un alojamiento y ambiente digno a las chicas que, para cursar sus estudios en los centros oficiales de Enseñanza Media, tienen que trasladarse desde sus casas a una localidad distinta" y, a su vez, "proporcionar a las alumnas una formación humana, a través de

Ilustración 34. Colegio Menor Femenino Santa María Bien Aparecida[96].

Ilustración 35. Biblioteca del Colegio Menor Femenino[97].

CLAUSURA CURSO 1969-70

PROGRAMA DE ACTOS

EXPOSICION DE PINTURA

Organizado por el Club de Arte.

RETABLO LITERARIO INFANTIL

1 Lo que leían los niños en la Edad Media. PROVERBIOS.

2 SIGLO XVI. Sobremesa y Alivio de Caminantes. El Barbero Parlero.

3 CANCIONES POPULARES.

4 CUENTOS POPULARES:
Juan sin miedo.
El viejo que se le apareció el diablo.
Juan el tonto y María la lista.

5 SIGLO XVIII. ALELUYAS:
Vida y milagros de San Isidro.
FABULAS: Los 2 conejos. Iriarte.

6 SIGLOS XIX - XX.
F. García Lorca: Canción tonta y Canción China en Europa.
Joaquín Aguirre Bellver: El robo del caballo de madera.

RITMO: Con canciones populares.

GIMNASIA RITMICA CON MAZAS.

ACTUACION DEL CORO:

Pequeñas: Canción de Ronda (Toledo).

Mayores: 2 canciones montañesas.

A) Tiene la tabernera.

B) Mi amante cuando se fue. R. Sáez de Adana.

RONDALLA:

Torrevieja.

Estampas montañesas.

ENTREGA DE PREMIOS

Ilustración 36. Programa del Colegio Menor Santa María Bien Aparecida.

la Formación Religiosa, Formación para la Convivencia y Actividades Extraescolares Complementarias, destinadas al cultivo del tiempo libre". Lógicamente, el fin principal era el estudio que se impulsaba con estudios dirigidos, de forma que aprovecharan al máximo su capacidad intelectual, al mismo tiempo que se les proporcionaba unos estímulos que les hicieran sentir la necesidad de una educación permanente y progresiva.

En el programa se establecía la misión formativa del colegio como una responsabilidad de todos los mandos del mismo y se estimulaba a estos para continuar estudios superiores al nivel cursado hasta el momento, para lo cual se les daba toda clase de facilidades siempre que no perjudicasen la marcha normal del Colegio. Estos disfrutaban de vacaciones en el mismo periodo que otros profesionales de la enseñanza según lo establecido por el Ministerio de Educación y Ciencia. El Colegio permanecía abierto durante la época estival con Cursos de verano (Magisterio, albergues, etc.).

### Actividades formativas y culturales en el Colegio Santa María Bien Aparecida

Entre las actividades extraescolares[98] más importantes que se realizaron en el Colegio, según sus memorias hay que destacar las Artes Plásticas, con pintura, modelado, manualidades y visitas a museos y exposiciones. También las relacionadas con Música, en las que sobresale la rondalla, el grupo de ritmo, el grupo de folk, las audiciones musicales y la asistencia a conciertos. Además, había actividades de Literatura como los concursos literarios, el comentario de libros y las conmemoraciones, y de teatro, con actividades de expresión corporal, representaciones y lecturas teatrales. Tampoco se pueden olvidar las actividades al aire libre, como excursiones, marchas, acampadas y las relacionadas con la comunicación social y el periodismo.

Ilustración 37. Emblema del Colegio Menor Bien Aparecida. Santander.

Por otro lado, entre las actividades formativas destacaron seminarios, charlas y mesas redondas sobre temas de Formación Religiosa y de Convivencia, respondiendo a la realidad del momento.

### *Régimen económico del Colegio Menor Santa María Bien Aparecida (curso 1976–77)*

El colegio no recibía ninguna subvención fija. Sin embargo, durante el curso 1976-77, la Caja de Ahorros de Santander destinó 250.000 pesetas y por parte del Ministerio de Educación y Ciencia se destinaron 52.500. En la tabla que sigue se recogen los principales conceptos económicos y cuantías de un año académico recuperadas en archivo.

**Tabla 2. Régimen económico del Colegio Menor Santa María Bien Aparecida de Santander**

| | |
|---|---|
| Número de alumnas[99] | 76 |
| Internas | 66 |
| Mediopensionistas | 6 |
| Externas | 3 |
| Residentes mediopensionistas | 1 |
| **Ingresos** | |
| 66 Niñas internas a 6.840 ptas. x 9 meses | 4.062.960 |
| 6 Niñas mediopensionistas a 4.560 ptas. x 9 meses | 246.240 |
| 3 Niñas externas a 2.280 ptas. x 9 meses | 61.560 |
| 1 Niñas residente medio pensionista a 3.000 ptas. x 9 meses | 27.000 |
| 75 Niñas a 1.500 ptas. x 1 mes (Actividades extraescolares) | 112.500 |
| **Total ingresos (en ptas.)** | **4.510.260** |

| Gastos | |
|---|---:|
| Manutención | 1.701.000 |
| Nóminas profesorado | 184.725 |
| Nóminas mandos | 2.229.090 |
| Nóminas Personal de Servicio | 1.278.618 |
| Varios Sostenimientos | 586.150 |
| Seguros Sociales | 1.030.174 |
| **Total gastos (en ptas.)** | **7.009.757** |
| | |
| **Resumen** | |
| Suman los gastos | 7.009.757 |
| Suman los ingresos | 4.510.260 |
| **Déficit (en ptas.)** | **2.499.497** |

*Elaboración propia*

### Cuadro de Mandos del Colegio Menor Santa María Bien Aparecida

En el Colegio Menor Santa María Bien Aparecida, la directora, instructoras (1 por cada 50 alumnas), administradora, intendente y enfermera eran internas, mientras que el jefe de estudios y los profesores de Ciencias y Letras eran externos. Las nóminas por percibir fueron de acuerdo con la *Reglamentación Laboral para la Enseñanza no Estatal*.

Como propuestas la Sección Femenina dispuso respecto a la directora lo siguiente:

> La experiencia nos ha demostrado que para que el Colegio Menor cumpla fielmente su misión en lo formativo —en su más amplio sentido— es necesario que se nombre una licenciada que tenga experiencia de trabajo en el Sector de Juventudes de la Sección Femenina y que tenga vocación para la formación y enseñanza de la juventud. De no ser así, dicho cargo recaerá sobre una instructora general maestra que por su preparación en el campo extraescolar de la juventud es la persona más adecuada.

Con el fin de que los ingresos mensuales de la directora se vieran incrementados, la Delegación Provincial se propuso procurar proporcionarles otro destino fuera del Colegio —o bien, autorizarla para que ella misma lo buscase—, aunque siempre en jornada de mañana y nunca superior a tres horas diarias. La remuneración que percibiera por este destino no sería descontada de la nómina del Colegio. Esta medida tenía además la finalidad de que la directora del Colegio estuviera en contacto con otros ambientes, lo cual se consideraba que la enriquecería humanamente en beneficio del propio colegio.

Respecto, a la jefe de estudios, tenía que ser externa y licenciada. Este cargo debía recaer en uno de los profesores de repaso de asignaturas, independientemente del sexo, que dedicaría diariamente una hora a la Jefatura de Estudios además de las dos de repaso a las asignaturas de su especialidad.

El Colegio contaba con una instructora general por cada 50 alumnas y sólo en casos justificados se admitiría a una persona con título de Grado Medio o Maestra de Primera Enseñanza" (*Decreto Regulador de colegios*, Art. 20), y sólo si el Colegio contase también con una instructora general. Las instructoras eran siempre internas por su misión específica, ya que junto con la directora tenían la responsabilidad directa de la formación de las alumnas. La Delegación Provincial procuraba proporcionarles otro destino fuera del Colegio con las mismas condiciones y finalidad comentadas para la directora.

Respecto al profesorado de repaso de asignaturas, se consideraba, de acuerdo con el *Reglamento de Colegios Menores*, que con una de Ciencias y otra de Letras era suficiente. La de Letras en algunos casos podía ser de la especialidad de idiomas, si el Colegio así lo necesitaba, pero nunca podrían ser más de dos licenciadas, incluyendo en este número a la directora si lo era y se hacía cargo de las clases de repaso en su especialidad.

Como norma general, la misión del Capellán era solamente la celebración de la Santa Misa y se le abonaba de acuerdo con el Obispado. Si además realizaba otras funciones como dirección de seminarios de Religión, charlas o conferencias, se trataba con la Delegación Provincial su gratificación. Lo mismo ocurría con el médico.

### Labor del Colegio Menor Santa María Bien Aparecida

En 1974 la directora[100] informa de que han acudido 64 alumnas, siendo internas 50 y el resto mediopensionistas y externas.

> En lo político, el Colegio tiene por su misma esencia como labor fundamental la de ser centro de formación política que prepare ciudadanos responsables y selectas minorías políticas para esa función dentro del mismo, un grupo de chicas que voluntariamente pertenecen a la Organización Juvenil Española Femenina (OJEF). En

cuanto a la Formación Religiosa: resaltando los tiempos litúrgicos, con murales y explicaciones de la simbología de cada ciclo, en las fechas y fiestas más solemnes, con el canto gregoriano, a fin de conservar su belleza y valor cultural. Durante el tiempo de cuaresma las alumnas tienen tres días de convivencia religiosa y una formación intelectual que se da desde todas las ramas".

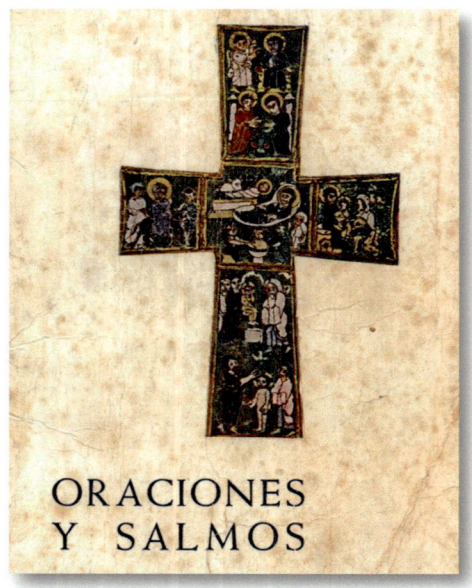

Ilustración 38. Libro de Oraciones y Salmos empleados en los actos de oración. Fuente: Editado por la Sección Femenina.

### La asociación de padres del Colegio Santa María Bien Aparecida

La Asociación de Padres de Familia[101] era el medio más idóneo para integrar a los padres, alumnos y profesores en la comunidad educativa, a la vez que despertaba y estimulaba en los padres la necesidad de la Educación Permanente.

Los objetivos de la asociación de padres eran, por parte del Colegio, orientar a los padres en cuestiones educativas, y por parte de los padres cooperar en el proceso educativo a través de la elaboración en las actividades extraescolares, la promoción de nuevas actividades, la formación y perfeccionamiento de los propios padres con ciclos de conferencia y charlas y conseguir ayudas de todo tipo (subvenciones, gestiones personales ante organismos…).

### Concursos en los que tomó parte el colegio y premios obtenidos

Desde 1968 hasta 1977, año en que desaparece la Sección Femenina, el Colegio Menor Santa María Bien Aparecida[102] participa en diversos concursos provinciales que convocaba la Sección Femenina en la época navideña. Entre ellos, destacaban los de villancicos, pintura, la Navidad en la Biblia, antología navideña, la Navidad en el arte, modelado, belenes y concurso de coros organizado por la Regiduría de Cultura. Las alumnas del colegio destacaron a nivel provincial obteniendo abundantes premios en las categorías de villancicos, pintura, trabajos de Biblia y Navidad en el arte entre otros, en distintos rangos de edad. Asimismo, participaron en varios concursos nacionales sobre Biblia, actualidad política, literatura y pintura, destacándose también sus alumnas en diversas categorías.

## Escuela Menor de Mandos José María Pereda en Polanco

Esta escuela tuvo su sede en la casa del escritor José María de Pereda, construida en 1872, actualmente sede del CRIEME (Centro de Recursos, Interpretación y Estudios de la Escuela). En 1945, se instala allí la Escuela de Mandos de la Sección Femenina y se desarrollan los cursos de instructoras rurales, instructoras de juventudes, instructoras de Educación Física, divulgadoras sanitarias, ayas y enfermeras, entre otros.

En lo que fuera la cochera se creó la granja escuela con la convicción de que sería un medio eficaz para elevar el nivel de vida cultural, social y económico de los pueblos aledaños, la formación doméstica rural y la preparación agrícola de la mujer campesina, pues se desarrollaron diferentes cursos destinados a ella.

Así, en 1950[103] tiene lugar en este centro el *5º Curso Interprovincial de Industrias Lácteas*, del 29 de mayo al 29 de julio. Aprueban este curso 17 alumnas, no superándolo 6.

Por *Decreto de 7 de septiembre de 1951*, se establecen las enseñanzas de capacitación profesional agraria concediendo a las alumnas que las cursaron con aprovechamiento el diploma de Capataz Agrícola. Y en 1953, asisten 11 alumnas al

Ilustración 39. Granja Escuela José María Pereda en Polanco. Fuente: Fotografía del CRIEME.

Curso de Industrias Rurales, que se desarrolla en el mes de diciembre. En 1954, se desarrolla el Curso de Orientación Rural para campesinas.

De octubre a diciembre de 1959[105], se organiza un cursillo de Orientación Rural según el plan de formación aprobado por la Delegación Nacional de la Sección Femenina, abarcando materias relacionadas con asignaturas como Formación Religiosa, Economía Doméstica, Labores, Educación Física, Música, Cultura General y Educación Familiar y Social y otras cuestiones y materias de diversa procedencia, como industrias lácteas, puericultura e higiene, leyes sociales, nacionalsindicalismo, avicultura, agricultura, cunicultura, conservería o cocina.

Ilustración 40. Trabajos en la granja José María de Pereda de Polanco[104].

En 1960, según el parte trimestral de la jefe de la Granja[106], el servicio de vaquería produjo 1.500 litros de leche en el primer trimestre, 30 kilos de mantequilla y 50 kilos de queso. Mantenían dos vacas y tres terneras, cuatro cerdos, doce gallinas y trece pollitos que habían sido vacunados contra la peste aviar.

También en 1961, se desarrolla un Curso de Industrias Rurales para alumnas de Polanco. En 1962, tiene lugar un plan[107] de colonización en diversos pueblos de España que comprende las tareas de colaborar con las cátedras y montar y poner en funcionamiento los Hogares Rurales construidos en los nuevos pueblos, y a partir de estos, desarrollar el *Plan de Formación y asistencia social*. En 1963, se desarrolló otro curso al que asistieron 31 alumnas de toda Cantabria.

El campo de acción y destino de las Instructoras Rurales comprendía un Plan Temporal o fijo que incluía la Cátedra cuyo fin en los pueblos fue encauzar la alfabetización y promoción cultural, el Servicio de Extensión Agrícola, las Granjas-Escuela y los Hogares Rurales de la Zona de Colonización, dónde se impartían

Ilustración 41. Trabajos en la granja José María de Pereda de Polanco[108].

Ilustración 42. Edificios de la Granja Escuela José María Pereda en Polanco[109].

Ilustración 43. Edificios de la Granja Escuela José María Pereda en Polanco[110].

Ilustración 44. Clausura en la Granja Escuela José María Pereda en Polanco (Fuente: CDIS[111]).

cursillos y conferencias, ofreciendo una mejor formación en las zonas rurales y a la vez evitar el éxodo a las zonas urbanas.

La mujer campesina[112] celebraba la fiesta el 15 de mayo, en honor de San Isidro, patrón de los ganaderos y agricultores, su fiesta popular y religiosa, al igual que muchos pueblos de Cantabria también celebraban esta festividad.

## NOTAS DEL CAPÍTULO 5

[92] Fiesta de Navidad en el Colegio Agustín Zancajo de Alceda. 21 de diciembre de 1968. Fondo Pablo Hojas.

[93] A.H.P.C., Legajo 122-8, Sección Femenina.

[94] A.H.P.C., Legajo 122-9, Sección Femenina.

[95] A.H.P.C., Legajo 154-2, Sección Femenina.

[96] Fotografía de la Diputación Regional de Cantabria.

[97] Fotografía de la Diputación Regional de Cantabria.

[98] A.H.P.C., Legajo 142-2, Sección Femenina.

[99] A.H.P.C., Legajo 154-2, Sección Femenina.

[100] A.H.P.C., Legajo 154-2, Sección Femenina.

[101] A.H.P.C., Legajo 154-1, Sección Femenina.

[102] A.H.P.C., Legajo 154-2, Sección Femenina.

[103] A.H.P.C., Legajo 41-8, Sección Femenina.

[104] A.H.P.C., Legajo 297-7.1, Sección Femenina.

[105] A.H.P.C., Legajo 154-7, Sección Femenina.

[106] A.H.P.C., Legajo 279-19, Sección Femenina.

[107] A.H.P.C., Legajo 166-2, Sección Femenina.

[108] A.H.P.C., Legajo 297-7.2, Sección Femenina.

[109] A.H.P.C., Legajo 297-5.1, Sección Femenina.

[110] A.H.P.C., Legajo 297-5.2, Sección Femenina.

[111] Clausura del curso de la Escuela de Mandos de la Sección Femenina de Polanco. 27 de abril de 1961. Fondo Pablo Hojas.

[112] A.H.P.C., Legajo 266-2, Sección Femenina.

# 6.- LAS INSTRUCTORAS

## Las instructoras rurales

En 1950, la Sección Femenina[113] crea la Escuela Nacional de Instructoras Rurales Onésimo Redondo, en las afueras de Aranjuez. Nace para garantizar la preparación de un Cuerpo Especializado de las Instructoras rurales, formado por mujeres con la clara vocación por el estudio y solución de los problemas campesinos. En Palencia se cursan los mismos estudios y se obtiene el título de Instructora Rural diplomada en Economía Doméstica Rural y habilita para ser Agente de Economía Doméstica en las Agencias de Extensión Agraria del Ministerio de Agricultura, monitores del Programa de Promoción Profesional Obrero, encar-

Ilustración 45. Granja-Escuela José María de Pereda en Polanco[114].

gadas de empresas agropecuarias, profesoras en Granjas, Escuelas y Hogares Rurales de la Sección Femenina y profesoras de las Cátedras Ambulantes. En Cantabria, se creó la Granja Escuela en la Escuela Menor de Mandos de Polanco de la que ya hemos nombrado en las páginas anteriores.

## Las instructoras elementales de Juventudes

Las instructoras elementales de Juventudes[115] eran las mujeres encargadas de la formación de las niñas y adolescentes en albergues de verano, Círculos de Juventudes, talleres y colegios. Para capacitar a estas instructoras estaba la Escuela Nacional de Instructoras de Juventudes "Isabel la Católica", en Las Navas del Marqués (Ávila) y las Escuelas Menores en algunas provincias. Entre ellas la Escuela José María Pereda en Polanco. En 1949, se desarrolla un curso de Instructoras Elementales de Juventudes en Polanco, y del 15 de mayo al 19 de agosto de 1959[116], otro, encabezado como jefa por Purificación Carral Cagigas. Asisten 50 alumnas de las cuales 31 pertenecen a la provincia de Santander, 9 a Oviedo y 10 a Palencia.

Las materias que se imparten son: Religión, Formación Política, Organización, Servicio de Juventudes, Higiene, Pedagogía, Psicología, Convivencia, Educación Física, Música, Cultura General y Prácticas con Juventudes.

Ilustración 46. Deporte escolar: Cátedra en Matienzo de Ruesga. 1969.

El horario que se seguía se representa en la tabla siguiente.

**Tabla 3. Horarios en la Escuela José María Pereda en Polanco**

| MAÑANA | |
|---|---|
| 7.00 | Levantar |
| 8.00 | Misa, oraciones y desayuno |
| 9.00 | Educación Física |
| 10.00 | Limpieza y aseso personal |
| 11.00 | Clase |
| 12.00 | Clase |
| 14.00 | Comida |
| | |
| TARDE-NOCHE | |
| 15.30 | Estudio |
| 16.00 | Clase |
| 17.00 | Clase |
| 18.00 | Merienda |
| 19.00 | Oraciones |
| 19.30 | Estudio |
| 20.00 | Canto y baile |
| 21.00 | Cena |

*Elaboración propia*

A lo largo de esta década, se siguen celebrando cursos con contenidos y horarios similares. En el informe que presenta la directora de la Escuela Nacional de Instructoras Rurales en 1965, se registra que, aparte de la formación genérica ofrecida, se ha desarrollado un plan de actividades propias de las Juventudes de la Sección Femenina, contenidas, a su vez, en un plan de formación también propio que contiene diversas asignaturas: Formación Religiosa, orientada a la proyección futura de las niñas e insistiendo específicamente en el manejo de la Biblia; Formación Política, también con proyección tanto a las niñas de Enseñanza Primaria como a las de Segunda Enseñanza; Música, en su doble aspecto de formación del gusto a través de audiciones musicales comentadas, como enseñanza de canciones infantiles; Educación Física, con distintos programas según los centros de enseñanza; Lecturas literarias infantiles, con celebración de tertulias para comentario de libros y lecturas de

Ilustración 47. Grupo de niñas de Riva de Ruesga, danza de cintas.
Álbum de María Dolores Gutiérrez.

obras dialogadas; Juegos al aire libre, como marchas u otros; y Arte, por medio de proyecciones y pintura, tanto sobre una idea original como de paisajes o representar lo que les sugiere la música o la lectura. Para mayor estímulo, se celebraban concursos sobre estas materias, fallados por un Jurado compuesto por las delegadas provinciales y los mandos de las provincias de las que procedían las alumnas.

Nuevamente, en 1967, tendrá lugar en Polanco un nuevo Curso de Instructoras Elementales de Juventudes[117].Ya el 22 de octubre de 1975 será aprobada por la Dirección General de Política Interna del Ministerio de la Gobernación, la Asociación Nacional de Instructoras Generales de Juventud.

### Las instructoras de Educación Física

En Santander, se organiza el primer cursillo para preparar instructoras de Educación Física estando aún en plena guerra. Lula de Lara conoció en Santander al doctor Luis Agosti, a quien ya nos hemos referido con anterioridad, que había sido nombrado asesor nacional. Junto con la regidora Cándida Cadenas de Lara organiza el primer cursillo en Santander.

Posteriormente, María Teresa Castro monta con Agosti una escuela de Educación Física en Ciudad Lineal (Madrid). Para capacitar al profesorado, están la Escuela del Pardo y la de Julio Ruiz de Alda en Madrid. Los cursos empezaron teniendo tres o cuatro meses de duración, hasta llegar a tres y cuatro años.

En informe presentado por la regidora de Educación Física[118], se atestigua que en la Escuela de Mandos Menores José María Pereda, en Polanco, ya en 1949 se desarrolló el tercer curso provincial para instructoras de Educación Física y aprobaron 26 alumnas. Estos cursos se celebran en años posteriores[119], de 1951 a 1974. En ellos son tenidas en cuenta las diferentes especialidades, como atletismo, balonvolea, gimnasia educativa, gimnasia aplicada al deporte, baloncesto, balonmano e incluso medicina deportiva[120]. La clausura tenía lugar el último día del curso y al acto asistían el vicepresidente de la Junta Provincial de Educación Física y Deportes, la secretaria provincial de la Sección Femenina, la regidora provincial de Educación Física, mandos provinciales y el profesorado del curso. Las cursillistas realizaban una exhibición de todas las actividades efectuadas.

A partir de los años 70, se admite la entrada con Bachiller Superior y una prueba de ingreso. Se imparten las asignaturas de Formación Religiosa, Formación Político-Social, Pedagogía y Psicología, Anatomía, Fisiología, Higiene y Socorrismo, Gimnasia Correctiva y Música, Gimnasia Educativa con Gimnasia moderna, aparatos manuales (aros, mazas, cintas, pelotas, cuerda), Gimnasia Deportiva con saltos de agilidad, equilibrio y suelo y Danza y Ritmo. Se realizaban prácticas didácticas en las Escuela de Polanco. En cuanto a deportes, se jugaba a balonmano, baloncesto, voleibol, natación y hockey. El atletismo no estuvo presente al principio por considerarse un deporte masculino, será en los años sesenta cuando se considere también un deporte femenino. Sin embargo, existieron diferencias entre los chicos y chicas en cuanto a la ropa deportiva, pasando de los pololos y las faldas pantalón en el caso de las chicas a los pantalones cortos y camiseta para los chicos. También la Iglesia influyó en la moralidad, así las chicas debieran usar en la playa y piscinas los trajes de baño con falda.

### Los campeonatos

Implantada en diciembre de 1961 la *Ley 77/1961, de 23 de diciembre, sobre Educación Física* hace que en esta etapa se incremente el interés por la gimnasia y por el deporte nacional. Además, cualquier iniciativa que vincule mujer y deporte tiene mejor acogida al estar en general la sociedad española más preparada e informada en lo que respecta a la mujer.

En 1959 se dan las Normas sobre los Campeonatos Nacionales de Gimnasia[121] y en los *XII Campeonatos Nacionales de Gimnasia, Magisterio y Juventudes* de Santander pasan a la fase nacional. En 1963, en los *XIV Campeonatos*[122], la Escuela de Magisterio de Santander y la de Comercio se clasifican también. En 1965, en la edición XV, la Escuela de Magisterio de Santander alcanzó 257,5 puntos en la fase desarrollada en Gerona y en ritmo, 235 puntos en la categoría de mayores.

También en 1965, la regidora central de Educación Física[123] comunica el éxito de la "Gymnaestrada" de Viena entre las alumnas de la Escuela de la Sección Femenina de Santander. Y se conceden los premios para los directores de grupos y Escuelas cuyos centros se distingan por su rendimiento en Educación Física por colaborar en el Día de Iniciación al Deporte. Los premios consistieron en distintivos de solapa y trofeos.

En 1969, se celebran en Santander los torneos del Club Medina y el de Educación Física Femenina[124], participando en atletismo, baloncesto, balonmano, voleibol, gimnasia deportiva, hockey en sala y natación.

En 1970 tienen lugar los *I Juegos de Escuelas Normales de Magisterio*, cuya fase final se celebró en Madrid, y los Campeonatos de EGB en la modalidad de Atletismo, que se celebraron en Santander, en el Complejo Municipal Deportivo. Los campeonatos provinciales de baloncesto fueron el 3 de febrero en Santander en el Colegio de Prácticas (Numancia) y en el Colegio de las Adoratrices.

En julio de 1971, tienen lugar nuevos torneos del Club Medina y de Educación Física Femenina, y Santander participó en hockey. En 1973 y 1974, se con-

Ilustración 48. Educación Física Femenina[125].

vocan también Cursillos de Educación Física en Madrid para profesores universitarios de la Escuela de Formación del Profesorado de EGB, y otro cursillo tuvo lugar en Madrid, en 1974, para el acceso de tituladas instructoras de Educación Física que pasarán a ser instructoras generales, en la Escuela Julio Ruiz de Alda.

A partir de la Ley de Educación de 1970[126], la Escuela Julio Ruiz de Alda exige a las alumnas tener aprobado el Curso de Orientación Universitaria (COU) y con una duración de cuatro años para las alumnas que quieran ser profesoras de Educación Física. Las pruebas de ingreso incluirán un examen médico realizado por la Federación de Medicina Deportiva.

### Los cursos de perfeccionamiento y especialización en Educación Física

A lo largo de estos años se convocan infinidad de cursos de perfeccionamiento, como el de 1964 que tiene lugar en la Escuela Julio Ruiz de Alda en Madrid o en 1966 el curso de renovación para profesores que obtuvieron el título antes de 1957.

En 1965, se propone la colegiación de los profesores de Educación Física[127]. Y en 1970 se convocan 300 plazas para un curso para titular maestras Instructoras de Educación Física, que se celebrará en la Escuela Nacional de Educación Física Julio Ruiz de Alda en Madrid, en Barcelona y en Valencia. Para ello deberán superar las pruebas de aptitud física que se propongan en cuanto a flexibilidad, equilibrio, salto de altura, longitud, lanzamiento, carrera y natación. Posteriormente, se convocan concursos para proveer plazas de maestras especialistas en Educación Física.

En 1968, tiene lugar un curso de gimnasia deportiva en Madrid en colaboración con la Escuela Nacional de Entrenadores y las clases son dirigidas por la entrenadora Swetana Stanchera y la entrenadora nacional Renata Muller.

En 1973, tiene lugar el Curso de Especialización en Educación Física para dar clases en la segunda etapa de EGB[128]. Y en el año 1975, se celebró en Polanco el curso correspondiente a la sexta promoción de Instructores de E. Física y Deportes. La duración fue de nueve meses en régimen de internado, con la asistencia de 48 alumnas de las provincias de Barcelona, Baleares, Badajoz, Cáceres, Cuenca, Ciudad Real, Huesca, Madrid, Lérida, León, Pamplona, Santander, San Sebastián, Sevilla, Tarragona, Valladolid, Vitoria y Zaragoza.

### Las divulgadoras sanitarias

A partir de 1953, el denominado Servicio de Divulgación[129] desarrollará tres actividades fundamentales: la lucha contra la mortalidad infantil, la ayuda a las mujeres necesitadas y la solución de los problemas sociales familiares. La misión de las divulgadoras consistió en seguir al niño desde antes de nacer hasta los doce años, ayudando y orientando a padre e hijos en todo género de problemas. Su labor abarcaba puericultura prenatal, higiene de la vivienda, problemas sociales, cuestiones de cultura, puericultura, asuntos religiosos y laborales. Llevaban también a cabo campañas sanitario-sociales.

Era obligación de las divulgadoras colaborar con el Estado y organismos afines en campañas de alimentación, vacunación antidiftérica, lucha contra las infecciones intestinales, prevención de las infecciones de tuberculosis y todos aquellos que fueran consideradas de interés local o provincial. La campaña de alimentación infantil de 1955, por ejemplo, tuvo entre otros objetivos el de suministrar leche en polvo, mantequilla y queso procedente de la ayuda americana.

La Sección Femenina tenía el propósito de proporcionar a los niños los alimentos y vitaminas de las que se encontraban deficitarios y para ello también suministraban harinas de germen de trigo. Llevaron asimismo a cabo la campaña de canastillas de Navidad, y cada sede de la Sección Femenina de la provincia de Santander confeccionaba todas las canastillas que podía mediante donativos de los afiliados y su trabajo personal.

De acuerdo con el Ministerio de la Gobernación, del que dependía la Dirección General de Sanidad, se organizaron cursillos, extendidos luego a todas las provincias, para preparar auxiliares rurales o divulgadoras sanitarias. Cooperando con los médicos rurales, enseñarían a las madres de familia los cuidados necesarios a los niños en los primeros meses de vida.

En 1950, tuvo lugar en Polanco uno de ellos[130] con casi una veintena de alumnas. En 1960, tuvo lugar otro curso del que salieron aprobadas 22 alumnas. En el Informe de 1961 se celebra un Curso para Divulgadoras y Auxiliares de Puericultura para después colaborar en Delegaciones Locales de la Sección Femenina, Cátedras, así como con los Ayuntamientos, con los médicos de Asistencia Pública Domiciliaria, las Escuelas Nacionales y con algunos párrocos. Recibían una formación de tipo general con los mandos de la Sección Femenina y otra específica según el plan de la Jefatura Provincial de Sanidad. Con relación a la primera, se les ofrecían clases de Religión por Manuel Fernández Agüera, y de Formación Política Social, Convivencia, Cultura General, Organización, Educación y Música por profesoras especializadas. Diariamente asistían a las prácticas en la Casa de Maternidad y del Instituto Nacional de Previsión de Santander y en el Ambulatorio de Torrelavega.

Las clases de Sanidad fueron desarrolladas por Julio Ruiz de Salazar, director del Centro de Higiene de Torrelavega. Las de Puericultura eran impartidas por Alejandro Palacín Poveda, director del curso y médico puericultor, y por Federi-

# TITULO DE ENFERMERA
### de F. E. T. y de las J. O. N. S.

La Camarada .........................................................................................

ha obtenido la calificación de *Aprobado* en el Curso

de Enfermeras realizado en la provincia de *Santander*

Madrid, 3 de *Noviembre* de 1940

El Delegado Nacional
de Sanidad

La Delegada Nacional de la
Sección Femenina

Ilustración 49. Diploma de enfermera de Sanidad[131].

co Peraita Alonso. La formación en Leyes Sociales, corrió a cargo de Fabio Llaca, del Instituto Nacional de Previsión, y se completaban con la proyección de las películas "Defensa del cuerpo humano contra las enfermedades", "La aldea de los niños", y "Conservación de los alimentos", así como con el manejo de diversas tablas anatómicas, prácticas de inyección, vacunas y confección de fichas médicas. Nuevos cursos se realizarán en 1962, 1964, 1966, 1967, 1968 y 1969.

Las prácticas de puericultura se llevaron a cabo mediante la preparación de alimentos dietéticos, baño y vestido del niño y todo lo referente a su higiene[132]. Visitaron diversas instituciones relacionadas con este mundo como la Casa de las Niñas de Sniace, en Barreda, y el Jardín de la Infancia, en Santander. Las cursillistas fueron examinadas por el jefe provincial de Sanidad, José María Gómez Ullate, y por los profesores del curso. De las 45 alumnas salieron 18 divulgadoras y auxiliares de puericultura, 11 divulgadoras y el resto auxiliares de divulgadoras.

En 1966 y 1967, se desarrolla el Curso de Madres Ejemplares con la ayuda que reciben del Programa de Productos Lácteos (PROLAC), esto es, de las organizaciones de productores de leche, de la ayuda social americana y de divulgadores en el medio rural. Los realizan en las guarderías, en las Cátedras José Antonio y en los Albergues de Juventudes y colegios menores. Promueven también un Curso de Alimentación y Nutrición (SEAN) en 1967. Asimismo, colaboraron con la Cruz Roja, en la campaña permanente para la donación de sangre con carácter voluntario.

La Sección Femenina colaboró en el I Cursillo para Maestras iniciadas en Educación en Alimentación y Nutrición[133], que se celebró en Santander en 1966, gesto que contó con el agradecimiento público del inspector de Enseñanza Primaria, Julio de la Cueva Pintado, delegado del Servicio Escolar de Alimentación y Nutrición.

### Ayas y enfermeras

En 1955, se realiza el Curso de Ayas, que duró dos cursos escolares. Se exigía tener cumplidos 17 años, cultura general y un examen de ingreso. Con las Ley de 1942, que crea la figura de las Enfermeras de FET[134], se organizan cursos en todas las provincias para mujeres comprendidas entre 18 y 35 años. Así, en Cantabria, en 1950, en el salón de actos del Ateneo y con asistencia del Gobernador Civil-Jefe Provincial del Movimiento, el asesor provincial de la Sección Femenina, algunas regidoras centrales de Divulgación y Juventudes, y el Presidente del Ateneo entre otros, tuvo lugar el acto de entrega de 29 títulos de enfermeras de la FET.

En el año 1952 fueron inaugurados los cursos de enfermeras de FET en el Paraninfo de la Universidad Internacional Menéndez Pelayo[135] y también se inauguró el Curso en Reinosa y Torrelavega.

La Escuela de Enfermeras de FET funciona desde el año 1948, obteniendo su título desde aquel año 135 alumnas. En el año 1948, ya se presentan 55 alumnas ante el tribunal de Valladolid, para lo cual se desplazan anualmente desde Santander, obteniendo 31 sobresalientes, 13 notables y 7 aprobados. En vista de los buenos resultados se pretenden realizar dos cursos de especialización en Laboratorio e Instrumentalista de Quirófano y todo esto se pudo hacer gracias al apoyo económico y moral del jefe provincial del Movimiento, Reguera Sevilla, el jefe provincial de Sanidad, el doctor Villa, el director de la Escuela, doctor Mazón y al director de la Escuela de Comercio que cedió el aula. También fue relevante la aportación de un nutrido cuadro de médicos de la capital y provincia poniendo a disposición, clínicas, laboratorios, salas de curas, etc.

En 1952, las clases prácticas de Sanidad[136] tuvieron lugar en la Policlínica y Sanatorio del 18 de julio, en el Centro de Higiene y Gota de Leche, en el Sanatorio del Pilar, en los laboratorios Sarachaga y en el Sanatorio Montesclaros. Teniendo en cuenta los avances sociales y para que las divulgadoras aprendieran los nuevos métodos de trabajo social, se convocaron cursillos de renovación.

Ilustración 50. Diploma de Auxiliar de Puericultura. Ayas y enfermeras[137].

En 1956, se admite la entrada al Cuerpo de Enfermeras a las mujeres de la Sección Femenina[138] que en su día realizaron los exámenes de reválida, convocados como consecuencia de la *Ley del Cuerpo de Enfermeras del 13 de enero de 1942*. También admiten al cuerpo a las afiliadas con dos cursos de enfermeras de FET y aquellas que estuvieran en posesión del título oficial expedido por la Facultad de Medicina, profesional de Cruz Roja o del Instituto Rubio.

En la Escuela de Mandos Menores José María Pereda de Polanco[139], se fueron ofertando cursos hasta llegar a 1976, en el que se convocan dos tipos de cursos, el Curso de Divulgadoras Sanitario-Sociales Rurales y el Curso de Ayas. Para ellos, era preceptivo tener 17 años cumplidos. Quienes poseyeran el título de Bachiller Elemental o el Graduado Escolar podían optar al título de Diplomada de Puericultura de la Dirección General de Sanidad. El resto obtendría el título de auxiliar de Puericultura.

Posteriormente, la Escuela de Especialidades Julio Ruiz de Alda en Madrid convocará estudios para enfermeras con la condición de tener 17 años y haber aprobado el Bachillerato Elemental, pero en años sucesivos cambiará el plan y se exigirá el Bachillerato Superior y, más tarde, el COU.

## NOTAS DEL CAPÍTULO 6

[113] A.H.P.C., Legajo 266-3, Sección Femenina.

[114] A.H.P.C., Legajo 297-6.2, Sección Femenina.

[115] A.H.P.C., Legajo 41-3, Sección Femenina.

[116] A.H.P.C., Legajo 155-1, Sección Femenina.

[117] A.H.P.C., Legajo 1-87, Sección Femenina.

[118] A.H.P.C., Legajo 41-4, Sección Femenina.

[119] A.H.P.C., Legajo 254-7, Sección Femenina.

[120] A.H.P.C., Legajo 273-4, Sección Femenina.

[121] A.H.P.C., Legajo 236-4, Sección Femenina.

[122] A.H.P.C., Legajo 273-2, Sección Femenina.

[123] A.H.P.C., Legajo 273-2, Sección Femenina.

[124] A.H.P.C., Legajo 273-4, Sección Femenina.

[125] Escuela Nacional de Educación Física Femenina, Ciudad Universitaria, Madrid, Delegación Nacional de la Sección Femenina del Movimiento, 1969.

[126] A.H.P.C., Legajo 238, Sección Femenina.

[127] A.H.P.C., Legajo 237-2, Sección Femenina.

[128] A.H.P.C., Legajo 123-1, Sección Femenina.

[129] A.H.P.C., Legajo 255-5, Sección Femenina.

[130] A.H.P.C., Legajo 41-10, Sección Femenina.

[131] A.H.P.C., Legajo 41-18, Sección Femenina.

[132] A.H.P.C., Legajo 154-7 y 154-8, Sección Femenina.

[133] A.H.P.C., Legajo 129-4, Sección Femenina.

[134] A.H.P.C., Legajo 270-9, Sección Femenina.

[135] A.H.P.C., Legajo 270-9, Sección Femenina.

[136] A.H.P.C., Legajo 270-10, Sección Femenina.

[137] A.H.P.C., Legajo 41-18, Sección Femenina.

[138] A.H.P.C., Legajo 255-5, Sección Femenina.

[139] A.H.P.C., Legajo 154-8, Sección Femenina.

# 7.- ASISTENCIA SOCIAL Y CULTURAL

## La labor cultural y social

La Sección Femenina[140] leemos en sus archivos que se encargó, como parte de su labor cultural, de montar bibliotecas ambulantes y fijas. Nació también el teatro popular en los barrios de Madrid, que evolucionó hasta convertirse en el teatro de los títeres regentado por la Reguduría de Juventudes, que también se representó en Cantabria. Asimismo, gestionaron las escuelas de formación para la lucha contra el analfabetismo y se empezaron a editar las revistas Consigna, Teresa, Escuela de Hogar; y los libros de Economía Doméstica, Manual de Cocina, el Teatro como representación y El Teatro como extensión, Teatro Infantil, Bazar, Oraciones y Salmos, Labores, Mil Canciones Españolas, Canciones y Danzas de España, Canciones populares infantiles, Libro de canciones para escolares, Convi-

Ilustración 51. La Sección Femenina del Movimiento en el desarrollo comunitario[141].

Ilustración 52. Teatro en Alceda (Fuente: CDIS[142]).

vencia humana, Manual de decoración, Manual de avicultura y apicultura, Gimnasia femenina, Lecciones de Educación Física, entre otros. Como otra actividad del momento, se vio la necesidad de montar las Escuelas del Hogar.

La Regiduría de Cultura se encargaba de la difusión de la música, no ya solamente la conservación del folklore, sino para despertar la afición a la música culta a través de conciertos en los Círculos Medina, que difundían la cultura a través de conferencias, conciertos, bibliotecas, exposiciones… Como no se consigue hacer obligatoria la enseñanza de la música en el Bachillerato, se convierte en puntuable entre las asignaturas de Hogar. Y también se llevó a cabo la recogida y difusión de canciones, romances y bailes populares en cada provincia. De este modo, nacieron coros y danzas, como veremos a continuación.

### Los coros y danzas en Santander

En 1938, por iniciativa de la Delegación Nacional de la Sección Femenina, Pilar Primo de Rivera organizó el Primer Curso Nacional de Música en el

Ilustración 53. Grupo de Danzas de Santander. Hacia 1970[143].

que capacitaron a las primeras instructoras que tenían, entre otras, la misión de recoger y divulgar las viejas canciones españolas.

En 1939, se incorporan también los grupos de danzas, y en 1942, con el fin de estimular a los conjuntos que se iban formando en toda España, se convocó el Primer Concurso Nacional de Coros y Danzas. Buscan afanosamente en los archivos, y allí donde alguien sabe bailar o entonar una vieja canción, la Sección Femenina o la instructora de Música la recoge. En estos años destacan los grupos de danzas Nuestra Señora de Covadonga, el grupo de danzas Virgen del Campo en Cabezón de la Sal, la agrupación de danzas Virgen de las Nieves de Tanos, el grupo de danzas de Polanco, entre otros, que llevarán más allá de los Pirineos y de los océanos la alegría de España.

En el año 1962 en Cantabria, se inscriben los siguientes grupos para el XV Concurso Nacional, con las canciones que se recopilan a continuación[144]:

**Tabla 4. XV Concurso Nacional de Música, año 1962**

| Local | Nombre del grupo | Nº Componentes | Canciones |
|---|---|---|---|
| Santander | Círculo de Juventudes Margaritas | 25 | Romance del Conde de Lara. Tengo un Árbol. |
| Santander | Círculo de Juventudes. Luceros | 25 | Jota Castellana. Me llamaste morenita |
| Santander | Círculo de Juventudes. Flechas | 25 | La Paloma. Molondrón |
| Santander | Colegio San José | 25 | Romance del Conde de Lara. Me llamaste morenita. |
| Santander | Instituto Enseñanza Media 1º "A" | 54 | El Conde Olinos. Dicen que no me quieres |
| Santander | Instituto Enseñanza. Media 1º "B" | 53 | Romance del Conde de Lara. Molondrón |
| Santander | Instituto Enseñanza Media 2º "A" | 54 | Piedrezuca de tu calle. Tengo un arboluco |
| Santander | Instituto Enseñanza Media 2º "B" | 57 | Ayer te vi que subías. Conde Olinos |
| Santander | Albergue Auxilio Social | 25 | Vale más un marinero. Una palomita blanca. |
| Santander | Colegio Menor | 25 | Viví siempre en la montaña. Levántate, morena |
| Astillero | Círculo de Juventudes | 25 | En el torreón de Cartes. El palu pintu. |
| San Felices | Escuela Nacional | 25 | Un carretero de Buelna. Piedrezuca de tu calle |
| Torrelavega | Círculo de Juventudes | 25 | Campanillas de plata. De tu casa a la mía. |
| Laredo | Círculo de Juventudes (Margaritas) | 25 | Los rondadores a coger caracoles. Mi carbonero. |
| Laredo | Círculo de Juventudes (Luceros) | 25 | Las palabras amor mío. El Conde Olinos. |
| Alceda | Preventorio "Margaritas". | 23 | Piedrezuca de tu calle: Dime morenita. |
| Alceda | Preventorio Pilar Primo de Rivera | 24 | En medio de tu corral. Corta el cerco. |

| | | | |
|---|---|---|---|
| Alceda | Preventorio "Isabel la Católica" | 25 | Tu pañuelo y el mío. Canción marinera. |
| Alceda | Preventorio "Agustín Zancajo" | 24 | Madre cuando voy a leña. Una estrella |
| Renedo | Círculo de Juventudes | 17 | Piedrezuca de tu calle. Canción marinera |
| C. de la Sal | Círculo de Juventudes | 25 | Carretera, carretera. El corazón te daré |
| Castro Urd. | Círculo de Juventudes | 17 | Dime, molinerita. En medio de tu corral. |
| Santoña | Colegio Teresiano | 25 | Molinero maquilador Desde tu casa a la iglesia. |
| Santoña | Colegio Sagrado Corazón | 23 | Dices que no las quieres. Chalanero |
| Espinilla | Círculo de Juventudes | 23 | Cuando de la tierra yo venía. Vengo de la romería |
| Ruente | Círculo de Juventudes | 25 | Si tu casa fuera cárcel. Mi carbonero. |
| Polanco | Círculo de Juventudes | 20 | Cuando más hondo está el pozo. Con el picotín. |
| Bárcena | Círculo de Juventudes | 25 | Piedrezuca de tu calle. Tu pañuelo y el mío. |
| Riva Ruesga | Círculo de Juventudes | 20 | La molinera. Madre, yo me voy al aire |
| Ampuero | Círculo de Juventudes | 24 | Tiene la molinera madre. Con el picotín |
| Soto la Ma. | Círculo de Juventudes | 20 | Cuando más hondo está el pozo. Con el guri |
| Otañes | Escuela Nacional | 25 | Vinieron los mozos. Cuatro pinos. |
| Reinosa | Círculo de Juventudes | 25 | Dónde vas tan de mañana. Victoriana |
| Cabuérniga | Círculo de Juventudes | 25 | Piedrezuca de tu calle. Tu pañuelo y el mío |
| Alceda | Círculo de Juventudes | 18 | La Perdiz en el campo. Canción de cuna Castellana |

*Elaboración propia*

**Tabla 5. Concurso de Danzas**[145]

| Local | Nombre del grupo | N° Componentes | Canciones |
|---|---|---|---|
| Santander | Colegio "Divina Pastora" | 8 | Jota Montañesa. Arcos |
| Santander | Colegio "Adoratrices" A | 12 | Baila de Ibio. Pericote |
| Santander | Colegio "Adoratrices" B | 12 | Cuevanuco. Danza de Arcos |
| Santander | Círculo de Juventudes (Luceros) | 12 | Jota Montañesa. Picayos |
| Santander | Círculo de Juventudes (Flechas) | 12 | Arcos. Baila de Ibio |
| Santander | Instituto 2ª E. | 12 | Baila de Ibio. Jota |
| La Albericia | Albergue-Escuela | 12 | Cuevanuco. Pericote |
| La Albericia | Albergue-Escuela | 12 | Picayos. Jota |
| Ruente | Círculo de Juventudes | 12 | Picayos. Jota |
| Soto la M. | Círculo de Juventudes | 12 | Jota Montañesa. Picayos |
| Cabezón Sal | Círculo de Juventudes | 8 | Arcos. Jota |
| Astillero | Círculo de Juventudes | 12 | Jota. Baila de Ibio |
| Polanco | Círculo de Juventudes | 12 | Cuevanuco. Jota |
| Riva Ruesga | Círculo de Juventudes | 12 | Romance del Conde Lara. Jota |
| Ampuero | Círculo de Juventudes | 12 | Cuevanuco. Picayos |
| Cabuérniga | Círculo de Juventudes | 12 | Picayos. Danza de las cintas |
| Torralevega | Círculo de Juventudes | 12 | Danza de Arcos. Jota Montañesa. |
| Preventorio | Pilar Primo de Rivera. | 12 | Picayos. Jota |
| Preventorio | Isabel la Católica | 12 | Cuevanuco. Pericote |
| Preventorio | Agustín Zancajo | 12 | Baila de Ibio. Trepeletre |

*Elaboración propia*

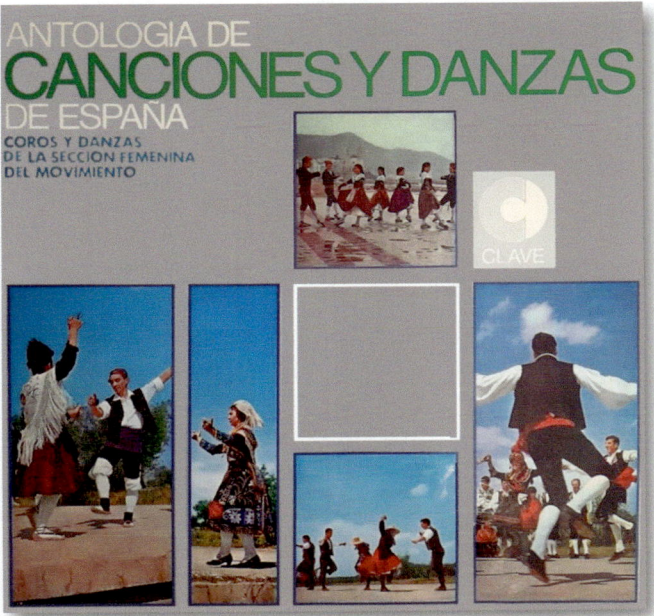

Ilustración 54. Antología de Canciones y Danzas de España. Sección Femenina.

Ilustración 55. Danzas montañesas. Sección Femenina. Hispavox.

Ilustración 56. Danzas de Santander. Fundación Joaquín Díaz.

Ilustración 57. Danzas montañesas[146].

Ilustración 58. Grupo de niñas de Riva de Ruesga, danzas. Álbum de María Dolores Gutiérrez.

Ilustración 59. Grupo de niñas en Riva de Ruesga. Danza de cintas.
Álbum de María Dolores Gutiérrez.

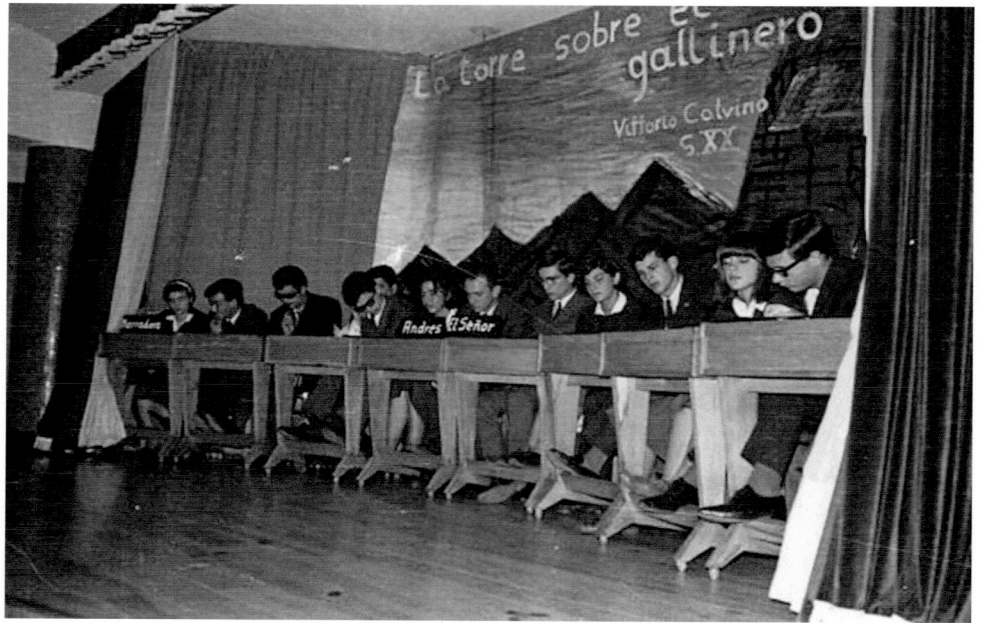

Ilustración 60. Teatro leído (Fuente: CDIS[147]).

## Los Círculos de Juventudes

Los Círculos de Juventudes[148] basaron su organización en actividades recreativas, enfocadas hacia el cine, el teatro, la música, el arte y la literatura. Para ello, contaban con diferentes medios como bibliotecas, cine y proyectores. Impartían cursillos sobre cómo cuidar a los animales y plantas, industrias caseras, cocina… El Círculo de Juventudes de Santander estuvo situado en la calle Burgos, nº 9.

En sus memorias encontramos que ofrecían cursos intensivos para aprendices, en horario de 5 a 7 de lunes a viernes y cursos para aprendices durante todo el año, de lunes a viernes de 3,30 a 4,30 de la tarde; cursos intensivos de Navidad para actividades del Círculo; y en fines de semana, los sábados, de 4 a 8, también ofrecían diferentes actividades. El promedio de niñas que asistían de 10 a 14 años era de 50; de 14 a 17 años, en torno a 30; y de 18 a 21 años, el promedio era de 10. Las afiliadas pagaban 5 pesetas al mes para compra de material.

El Círculo se organizaba por Clubs: de Literatura y Teatro, de Música y de Artes Plásticas, de Manualizaciones. Como actividades mixtas se realizaban teatro leído y rondalla.

Las actividades que resultaban más exitosas entre las alumnas de 10 a 14 años eran las de dibujo y pintura, seguido de las lecturas dialogadas. En el caso de las

Ilustración 61. Grupo de niñas de Riva de Ruesga con la instructora María Carmen Machín. Tardes de enseñanza. Álbum de María Dolores Gutiérrez.

Ilustración 62. El teatro[149].

alumnas de 14 a 17 años, había preferencia por las actividades literarias en general, el canto y el teatro leído junto con el representado.

Además del ubicado en Santander, otros clubs que funcionaron fueron los de Polanco, Torrelavega, Cabezón de la Sal, Castañeda y San Vicente de la Barquera[150].

## Las Escuelas Hogar

La Sección femenina consiguió que las llamadas Escuelas de Hogar se convirtieron en obligatorias para todos los centros de primera y segunda enseñanza. En estas escuelas buscaban encauzar la vida de la joven hacia el hogar, conseguir que cumplieran el Servicio Social y adoctrinarlas para su ingreso en Sección Femenina. Para ellas era importante: « Educar a la mujer en el sentido del hogar, encauzarla hacia la misión que le es más propia, capacitándola para que no tenga que abandonar su casa, y pueda, desde ella, ayudar con su trabajo al sostenimiento de su familia"[151]. Como observamos se trata de convertir a la mujer en sumisa y sacrificada a la vida del hogar.

En Cantabria en general, funcionaron la Escuela Hogar Santa Teresa y el Círculo Femenino en Santander, Reinosa, Torrelavega, Castro Urdiales y Cabezón de la Sal. También funcionaron las Escuelas Mixtas de Hogar y formación de San Vicente de la Barquera y Polanco, donde se impartieron diferentes cursillos y conferencias con el fin de elevar el nivel cultural de la mujer.

En 1968, se puso en marcha en Santander, la Asociación Provincial de Amas de Casa y fueron presentados los Estatutos del Gobierno Civil para su aprobación. A partir de esta fecha, empiezan a realizarse una serie de actividades encaminadas a estudiar, promover y arbitrar toda clase de posibles soluciones a la problemática general de la mujer en su ámbito familiar y social. Entre estas actividades se incluyeron conferencias y cursillos sobre alimentación y nutrición, socorrismo y primeros auxilios, mecánica del automóvil, jardinería doméstica, preparación de la Navidad, platos típicos, liturgia y decoración navideña, técnicas aplicadas al hogar, fontanería, electricidad, albañilería, carpintería, pintura, empapelado y decoración del hogar.

## Colaboración con otros organismos

La Sección Femenina quiso colaborar con las cámaras y hermandades sindicales[152] para mejorar el nivel de vida cultural, doméstico y social de la mujer campesina y con ello de la familia. Entre los medios que consideró posibles y eficaces destacaron las bibliotecas que, bajo el sistema de fijas o volantes, funcionaron en todos los pueblos por muy pequeños que fueran. Para ello, estudiaban con las cámaras y hermandades, qué posibilidades había para organizar en cada pueblo una pequeña biblioteca.

### Las Casas de Flechas

Las Casas de Flechas[153] surgen en 1940, y fueron el lugar donde se pretendía que las niñas fueran formando su carácter en las llamadas "Tardes de Enseñanzas"[154]. Por las tardes, al salir de la escuela, las niñas acudían allí, donde las instructoras trataban de estimular a la lectura y, en general, relacionar los aprendizajes con el ocio. Las asignaturas obligatorias eran Religión y Nacional-sindicalismo. En la tarde, estas enseñanzas duraban dos horas y la instructora completaba estas dos horas con actividades recreativas (romances, gimnasia, juegos, canciones, bailes, morales, labores, etc.). A menudo confeccionaban también ornamentos para la parroquia.

### Las Cátedras Ambulantes de la Sección Femenina

Las Cátedras Ambulantes se crearon para elevar el nivel higiénico, cultural, social y económico en todos los núcleos rurales de España. El equipo lo formaban la instructora de Juventudes, la profesora de Corte, Labores y Trabajos Manuales, la instructora rural, la divulgadora sanitaria social y la jefa de cátedra, a ser posible maestra o asistenta social. También colaboraban otras personas pertenecientes al Gobierno Civil, al mundo sindical, al Servicio de Extensión Agraria, la Dirección General de Enseñanza Primaria, la Dirección General de Sanidad y las Parroquias.

Tenían como misión estimular, animar, y llevar a las gentes de los pueblos a una participación activa en la vida del municipio, además de promocionar y encauzar la alfabetización y promoción cultural de adultos, ofreciendo a los mayores de catorce años el poder conseguir su Certificado de

Ilustración 63. Libro de Formación Política. Editado por la Sección Femenina.

Ilustración 64. Cátedras ambulantes[155].

Estudios Primarios. Para ello, 50 de las cátedras eran consideradas como Misiones Pedagógicas. La duración normal de un curso de Cátedra era de dos meses.

Las primeras iban a los pueblos sin motorizar, pero en 1958 se las empieza a dotar de un camión vivienda, remolque cocina, y algunas también remolques con clínica con rayos X. La primera Cátedra Ambulante motorizada recibió el nombre "Francisco Franco", en 1946. Para 1958, había Cátedras en todas las provincias españolas. En 1968, eran ya 72 los equipos de Cátedra, con un total de 360 profesoras.

En principio, estas cátedras estaban dirigidas a las mujeres, pero muy pronto los hombres empezaron a interesarse por sus enseñanzas, como curtido de pieles, explotación de los animales domésticos, elaboración de productos, formación cultural y humana. Y también los niños se integraron en los grupos de coros y dan-

Ilustración 65. Cátedra en Ogarrio. Año 1973[156].

zas y recibían enseñanzas de juegos, deportes, bailes, canciones, trabajos manuales y algunas charlas.

A partir de 1965, se exige a las maestras que trabajan en las cátedras que tengan aprobadas las oposiciones[157]. A las maestras instructoras, a partir de 1966, si trabajaban en las cátedras se les daban instrucciones para que en horario post escolar se les enseñase deportes a las niñas, principalmente balonvolea, juegos dirigidos, así como volteretas, saltos y equilibrio. Resultó necesario tratar de incorporar a maestros para la gimnasia de los niños, entrenándoles en los deportes como el balonmano, baloncesto… Para contribuir, el Servicio Central de Educación Física envió saltómetros, bancos, mesas, colchonetas, balones para baloncesto y balonvolea.

### La Campaña Nacional de Alfabetización

En 1967, la jefa del Servicio Central de Cátedras[158] comunica que el problema más importante a vencer para lograr una elevación de la vida del campo español era la falta de cultura de los habitantes de los pueblos. Por este motivo, se crearon, en colaboración con la Campaña Nacional de Alfabetización y Promoción Cultural de Adultos, las plazas de maestras jefes de cátedras que, en Misiones Pedagógicas, pudieron, a través de los cursos de cátedras, contribuir a mover y animar a las gentes de los pueblos, incentivando el seguimiento de las clases de alfabetización y formación de adultos, para estimular, a su vez, la promoción cultural de los mismos. Al mismo tiempo, siguieron también el Curso de Alfabetización, en el Castillo de la Mota, todas las jefes de cátedra.

En consecuencia, era importante lograr la coordinación de estos cursos con la Inspección de Primera Enseñanza y, a través de ella, con los equipos locales de maestros alfabetizadores y preparadores para la obtención del Certificado de Estudios Primarios, contando con la colaboración del inspector jefe.

### Llegada de la Cátedra al pueblo

Se insiste entonces y se ponen medios para que, cuando la Cátedra Ambulante llega al pueblo, todo el mundo sepa que llega y los beneficios que puede aportar[159]. Para ello, iba precedida de la publicidad y propaganda. A menudo que pasó el tiempo, se fueron incorporando nuevos cursos de acuerdo con los intereses de los tiempos sobre temas relacionados con la economía doméstica, cursos de cocina, electrodomésticos, decoración, etc. Hacia los años 70, el Ministerio de Información y Turismo concedió a las Cátedras Ambulantes televisiones para la promoción de los Tele Club, cuyo fin fue la reunión recreativa y formativa de todo el pueblo, en especial los jóvenes.

Como la Educación Física en la Enseñanza Primaria estaba a cargo de la maestra, durante la estancia de la Cátedra en una localidad, la instructora de Educación Física no sustituía a la maestra en esta enseñanza, sino que ayudaba con su orientación a la mejor realización de la clase. La misión de la instructora era, a partir de la orientación, realizar diariamente clases de Educación Física, intensificando en horario extraescolar, o bien en los recreos, la enseñanza de juegos educativos y deportes, y preparar tablas de gimnasia con el fin de despertar una inquietud hacia la práctica voluntaria de la Educación Física.

### Algunas visitas de las Cátedras a los pueblos de Cantabria

Se dirigieron a muchos de los pueblos de Cantabria. Así en 1964, la Cátedra Ambulante se dirige a Potes, donde realiza la reunión comarcal del Servicio Español del Magisterio (SEM) a las que asisten los mandos provinciales del SEM, el delegado de asociaciones, el Inspector Jefe de Enseñanza Primaria y los maestros de la comarca de Liébana.

En 1968, la Sección Femenina, en colaboración con el Servicio de Concentración Parcelaria y Ordenación Rural[160], pretende para llevar a cabo en el Valle del Asón y algunas zonas más, la visita de la Cátedra, que se dirigirá a los pueblos

Ilustración 66. Cátedras en Ogarrio[161]. Año 1973.

de Liendo, Voto, Solórzano, Riotuerto, Miera, San Roque de Riomiera y Guriezo. En 1969, la Cátedra se dirige a Polanco[162]. En 1969-70, en colaboración con Ordenación Rural y Concentración Parcelaria[163], visita los pueblos de la Gándara de Soba, Matienzo de Ruesga, Gibaja y Ampuero, durando la estancia aproximadamente un mes y medio[164].

En 1970, la Cátedra se dirige a Cayón, siendo muy bien acogida y utilizando para las clases el Hogar Rural[165]. En 1973-74, actúa en Ruesga durante los meses de noviembre y diciembre. En 1974, durante su estancia en Novales tiene lugar el Certamen de Lecturas Dialogadas a nivel escolar, en el que participarán ocho grupos pertenecientes a las escuelas del Ayuntamiento de Alfoz de Lloredo.

Otra de las actividades que organizaba la Cátedra en la visita a los pueblos fue el embellecimiento de balcones. Así, el 6 de julio de 1961 se organizó el Primer Concurso de Embellecimiento que afectó a la ruta turística Ontón-Solares y en el que pudieron participar los Ayuntamientos de Castro Urdiales, Guriezo, Liendo, Laredo, Colindres, Bárcena de Cicero, Hazas de Cesto, Ribamontán al Monte, Entrambasaguas y Medio Cudeyo. Se constituyó una comisión para puntuar, en primer lugar, el revocado, encalado, pintura y adorno de fachadas; en segundo, la pintura y adorno floral de ventas y balcones; en tercero, el adorno de calles y

107

Ilustración 67. Cátedras en Ogarrio[166]. Año 1973.

plazas con flores y otras plantas; y, en cuarto, la limpieza, conservación y adecentamiento de calzadas, plazas, caminos y cunetas. Los medios económicos los habían de poner las corporaciones locales y el propio vecindario. A las dos escuelas que destacaran, se le otorgarían diversos premios.

Una vez terminada la visita de la Cátedra a los pueblos[167], había que elaborar informes por cada una de las profesoras que habían dirigido los cursos, incluyendo los resultados obtenidos y los inconvenientes que se habían encontrado[168] y, sobre todo, si iban a seguir las actividades que se habían iniciado.

En 1974, la Delegación de la Sección Femenina del Movimiento colabora con el Instituto Nacional de Reforma y Desarrollo Agrario (IRYDA)[169] y se unifican las acciones con los servicios de colonización, concentración parcelaria y ordenación rural. Dicha colaboración comprendía un plan completo de promoción, que iba desde la formación doméstica rural y profesional de la mujer campesina, hasta la realización de un plan de cursos varios como cátedras, convivencias, concursos, creación de actividades artesanas. Todo ello en espera de que influyera en el complemento de la vida social y económica y de trabajo el campo y la organización de todas aquellas actividades para la mejora de los pueblos y la promoción de la vida rural.

Ilustración 68. Embellecimiento de balcones[170].

Ilustración 69. Embellecimiento de balcones[171].

Ilustración 70. Grupo de niñas en su visita al Colegio Menor de Santander con la instructora María Carmen Machín. Álbum de María Dolores Gutiérrez.

## Los concursos en la provincia de Santander: un medio de darse a conocer

Como se ha podido atisbar en líneas precedentes, es habitual que, para motivar a los alumnos en las diversas actividades que se llevaban a cabo, se recurriera a los concursos, tanto a nivel local como provincial y nacional. Así, se convocan, para la Navidad de 1958[172], entre las afiliadas, escolares y aprendices concursos de periódicos murales, felicitaciones de Pascua, colecciones de postales y grabados, y villancicos. El Concurso de Periódicos Murales se hizo con absoluta libertad, pero limitando el tema, centrado en la Navidad. Para el Concurso de Felicitaciones de Pascua, cada niña pudo presentar el número de felicitaciones que deseara, pero, por supuesto, se rechazaron los trabajos copiados ya que se pretendía que cada niña empleara su imaginación e inventiva, con técnica libre. Para el Concurso de Colecciones de Postales y Grabado, cada niña participante debía presentar de la mejor forma posible una colección de postales y grabados que reprodujera obras artísticas de verdadero interés, ya fueran de cuadros famosos, reproducciones escultóricas, etc.

En 1969 y en cursos posteriores, se convocan diversos concursos por parte de la Inspección de Enseñanza Primaria y la Delegación Provincial de la Sección Femenina de Santander[173], para estimular la vivencia de la Navidad y sensibilizar a los niños en actividades que condujeran al cultivo de su personalidad. Los concursos que se convocaron fueron de modelado de figuras

Ilustración 71. Trabajo escolar de Navidad.

de Nacimiento, colección de obras maestras de pintura y escultura sobre la Navidad, pinturas sobre un tema de Navidad, murales, temas de la Biblia relacionados con la Navidad, antología de la Navidad y, por supuesto, concurso de villancicos.

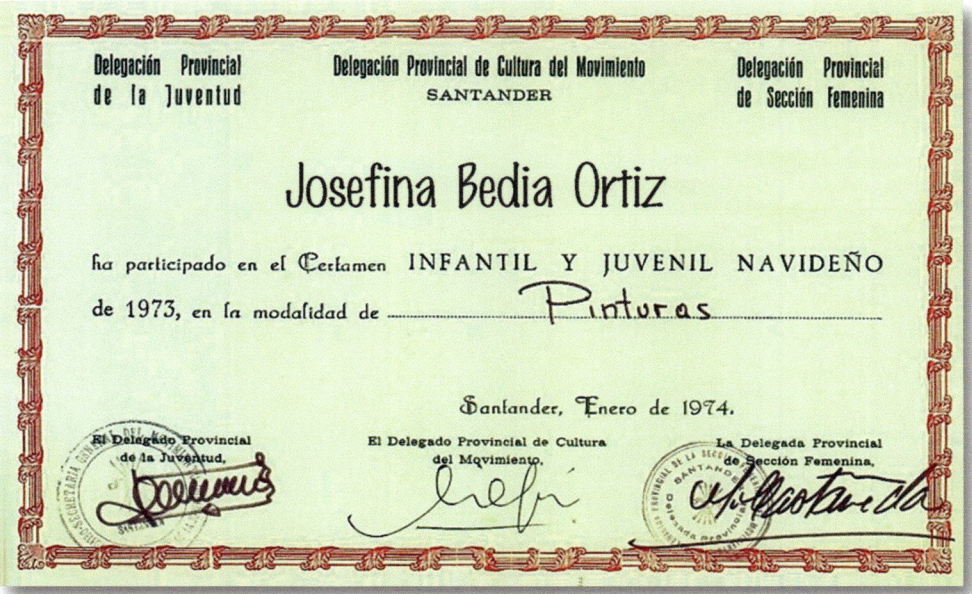

Ilustración 72. Diploma concedido a Josefina Bedia, maestra de la escuela unitaria de Mente-Barruelo (Ruesga).

En 1975, la Delegación Provincial de la Sección Femenina[174] y de la Juventud de Santander, con la coordinación de la Delegación Provincial de Cultura del Movimiento y la colaboración de la Delegación del Ministerio de Información y Turismo, la Inspección Técnica de Educación General Básica, el Servicio Español del Magisterio y la Delegación Episcopal de Catequesis, convocaron certámenes navideños de villancicos, tarjetas, belenes, fotografías, figuras de nacimiento, pintura sobre un tema de Navidad, murales y la Navidad en la Biblia. Con los trabajos premiados y seleccionados se montaron exposiciones públicas en la Caja de Ahorros de Santander y se celebraron actos de entrega de todos los premios establecidos en las diferentes categorías y modalidades.

## NOTAS DEL CAPÍTULO 7

[140] A.H.P.C., Legajo 236-1, Sección Femenina.

[141] La Sección Femenina del Movimiento en el desarrollo comunitario, Madrid, Artes Gráficas Ibarra, 1968.

[142] Fiesta de Navidad en el Colegio Agustín Zancajo. 21 de diciembre de 1968. Fondo Pablo Hojas.

[143] El Diario Montañés, 17 de abril de 1944.

[144] A.H.P.C., Legajo. 246-1, Sección Femenina.

[145] A.H.P.C., Legajo 246-1, Sección Femenina.

[146] Canciones y danzas de España. Vicente Rico, S.A., Madrid, 1956.

[147] Lectura teatral en el Colegio Menor Santa María Bien Aparecida de la Sección Femenina. 25 de mayo de 1966. Fondo Pablo Hojas.

[148] A.H.P.C., Legajo 129-2, Sección Femenina.

[149] Delegación Nacional de la Sección Femenina del Movimiento. El teatro como representación y el teatro como expresión, Madrid, Editorial Almena, 1969.

[150] A.H.P.C., Legajo 157-6, Sección Femenina.

[151] Condesa de Mayalde, Escuelas de Hogar de la Sección Femenina. Disponible en: https://www.educacionyfp.gob.es/revista-de-educacion/dam/jcr:914bb64c-1673-4b85-879b-278b9e675c75/1941re03signosfalange02-pdf.pdf

[152] A.H.P.C., Legajo 256-2, Sección Femenina.

[153] A.H.P.C., Legajo 129-1, Sección Femenina.

[154] Vid. DE LEÓN, M., (2000). Las voces del silencio. Memorias de una instructora de Juventudes de la Sección Femenina. Págs. 137-141.

[155] Delegación Nacional de la Sección Femenina del Movimiento, Cátedras Ambulantes "Francisco Franco", Madrid, Editorial Almena, 1970.

[156] A.H.P.C., Legajo 274-2.12, Sección Femenina.

[157] A.H.P.C., Legajo 257-7, Sección Femenina.

[158] A.H.P.C., Legajo 257-6, Sección Femenina.

[159] A.H.P.C., Legajo 275-1, Sección Femenina.

[160] A.H.P.C., Legajo 274-2, Sección Femenina.

[161] A.H.P.C., Legajo 273-6, Sección Femenina.

[162] A.H.P.C., Legajo 273-2, Sección Femenina.

[163] A.H.P.C., Legajo 275-8, Sección Femenina.

[164] A.H.P.C., Legajo 273-6, Sección Femenina.

[165] A.H.P.C., Legajo 274-2, Sección Femenina.

[166] A.H.P.C., Legajo 274-2.9 y 2.10, Sección Femenina.

[167] A.H.P.C., Legajo 273-4, Sección Femenina.

[168] A.H.P.C., Legajo 275-7, Sección Femenina.

[169] A.H.P.C., Legajo 274-2, Sección Femenina.

[170] A.H.P.C., Legajo 274-2, Sección Femenina.

[171] A.H.P.C., Legajo 297-2.3, Sección Femenina.

[172] A.H.P.C., Legajo 245-1, Sección Femenina.

[173] A.H.P.C., Legajo 245-1, Sección Femenina.

[174] A.H.P.C., Legajo 244-3, Sección Femenina.

# 8.- EL SERVICIO SOCIAL DE LA MUJER

El *Decreto 378 de 7 de octubre de 1937 declara el deber nacional de todas las muje-res españolas, comprendidas en edad de 17 a 35 años, la prestación del "Servicio Social",* establecía un servicio social femenino para "aplicar las aptitudes femeninas en ali-vio de los dolores producidos en la presente lucha y de las angustias sociales de la postguerra" destacando "la capacidad de la mujer para afirmar el nuevo clima de hermandad que propugnan los veintiséis puntos programáticos[175]". Con el *Decre-to de 28 de noviembre de 1937* se estableció el *Reglamento para la aplicación del Ser-vicio Social de la mujer*[176], y en otro decreto, del 31 de mayo de 1940, se dictaron nuevas normas. El certificado se exigiría para la obtención de títulos académicos, el acceso a cualquier empleo del Estado, trabajo o destino en una empresa que re-cibiese subvención estatal, y la prestación del Servicio Social excluiría toda clase de remuneración. Se transmitía el mensaje de que a la vez que prestaban un ser-vicio recibían una formación cultural.

## Los Cursos de Formación Fundamental y Profesional para el Servicio Doméstico

Los Cursos de Formación Fundamental y Profesional para el Servicio Do-méstico, celebrados a lo largo de los años 1962 a 1964, tuvieron éxito en la ma-yoría de las provincias españolas[177] en cuanto a la superación del nivel cultural. Los cursos tenían una sola especialidad, la de Preparación de Servidoras Domésticas, cuyo plan comprendía una parte dedicada a cultura, en concreto a la alfabetiza-ción y cultura general; otra destinada a especialidades profesionales como econo-mía doméstica, alimentación-cocina, tecnología aplicada al hogar y convivencia social; y una tercera que consistía en cuestiones generales, esto es, religión, for-mación político-social y legislación. La duración de los cursos fue de seis meses.

## Los Cursos de Promoción Profesional de las Trabajadoras en la Provincia de Santander

A partir de 1964, se llevan a cabo las pruebas de madurez para la obtención del título de Oficialía Industrial o de Formación Profesional de Primer Grado[178].

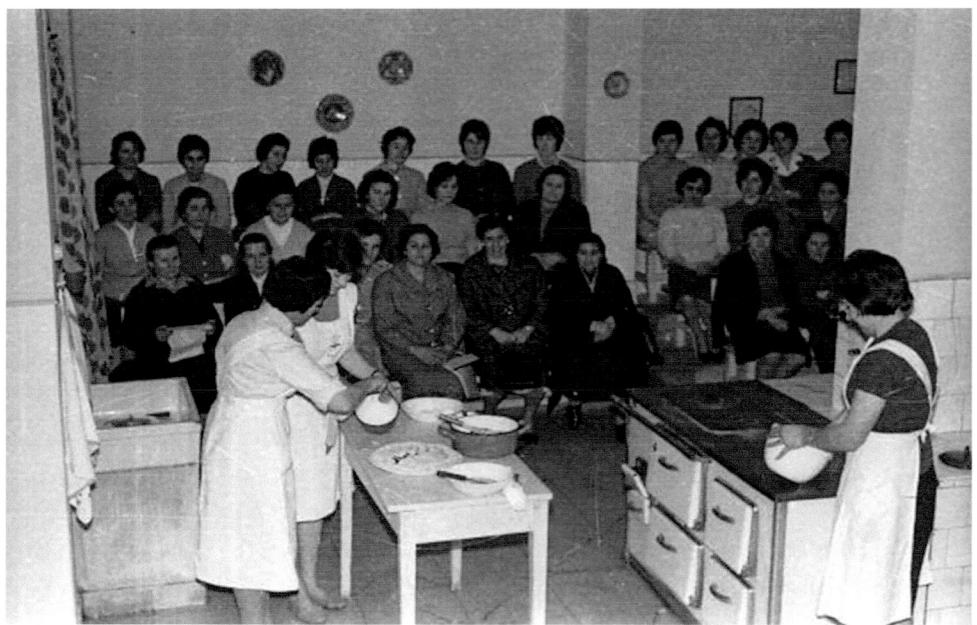

Ilustración 73. Clase de cocina (Fuente: CDIS[179]).

En 1970, se ofrecieron Cursos de Promoción Profesional de las Trabajadoras en Cabezón, Polanco, San Vicente y Santander sobre las especialidades de cocina, alimentación, nutrición, corte y confección, trabajos manuales y muñequería.

Según el *BOE del 15 de enero de 1974*, la Dirección General de Formación Profesional y Extensión Educativa ofreció la oportunidad de obtener el título de Oficialía Industrial o Enseñanza Profesional de Primer Grado a aquellas personas adultas que, habiendo cursado estudios reglados o acelerados, o sin haberlos cursados, se considerasen, por el ejercicio de su profesión, con suficiente preparación para poder optar a los mismos, previa la realización de las pruebas de madurez correspondientes. Por ello, la Sección Femenina animó a las mayores de 18 años que habían desempeñado un mínimo de dos años una actividad profesional, a presentarse a tales pruebas y contempló la posibilidad de organizar algún cursillo de ser necesario para prepararlas.

### Obra Social de Ayuda al Hogar

La Obra Social fue creada por la Sección Femenina en 1950[180] para ayudar económicamente a las familias necesitadas, mediante el trabajo de la mujer en su propio domicilio, confeccionando ellas mismas, realizando, pues, todas aquellas labores típicamente femeninas, pero aplicadas en la confección de tipos regionales y artesanos de bordado, tejidos, hilados, encajes… De esta forma, dieron vida, en épocas de paro forzoso, a mujeres de núcleos rurales, aumentando los ingresos familiares y evitando en parte el éxodo a la ciudad. Con la venta de las labores de artesanía, las provincias montaron el servicio de mercado, ampliando su venta los paradores, hoteles o centros análogos.

En 1961, para mejorar la vida de los pueblos, se organizaron exposiciones, cada año en cinco pueblos de la provincia[181]. Las exposiciones se hicieron sobre el menaje de uso doméstico y elementos para el hogar, como cocinas, ollas, electrodomésticos, insecticidas, al igual que con utensilios tan necesarios para las pequeñas industrias como la conservería de frutos, envasados y preparado de miel.

Avanzados los años 60, la regidora central de trabajo, Mónica Plaza, envió una carta para el secretario general de la Junta Nacional de Hermandades o todos los delegados provinciales y presidentes de las Cámaras Agrarias, con la orden expresa para que se confeccionasen los censos de mujeres campesinas para crear la Sección de Mujeres Campesinas en el seno de la Hermandad Sindical de Labradores. Se trataba de ir pudiendo solucionar los problemas de tipo laboral, social

Ilustración 74. Fiesta de San Isidro en Ruiloba, 1965[182].

117

y asistencial que hubiera que estudiar y que, calculaban, incumbirían a más de dos millones de mujeres que participaban en el trabajo agrícola. También pretendían intentar solucionar problemas de tipo doméstico, familiar y culturales que la mujer tenía planteados en el medio rural, con el objetivo de conseguir elevar el nivel cultural del campo, fomentando la Enseñanza Primaria y completándola con una buena Formación Profesional rural. Fue útil a la par que esencial conseguir la incorporación activa de la mujer trabajadora a tareas sociales de las empresas, del Sindicato y del Gobierno.

### Promoción social de la mujer trabajadora

La Regiduría de Trabajo se centró en un solo objetivo: la promoción social de la mujer trabajadora tanto en el campo de la formación, como en las cuestiones relativas a su vida laboral y sindical, mejorando las condiciones en que desenvuelven su vida profesional. Para ello, se pretendió potenciar la Formación Profesional de la mujer —en un sentido amplio—. En el bienio 70-71 se ofrecieron cursos de promoción de la mujer campesina, hotelería rural, confección industrial, empleadas del hogar, artesanía general y textil.

El *Decreto 2310/1970. de 20 de agosto por el que se regulan los derechos laborales de la mujer trabajadora en aplicación de la Ley de 22 de julio de 1961,* en el que influyó notablemente la Sección Femenina[183], regulaba problemas tan importantes como la igualdad de salarios, reformando y derogando el Decreto de 1962, en lo que afecta a la indemnización por matrimonio y las ayudas por maternidad en caso de familias numerosas. En el Decreto se afirmaba:

> La creciente participación de la mujer en las actividades laborales reviste extraordinaria importancia en la fase presente de desarrollo económico y social, al par que resulta manifiesta la evolución de muchos de los conceptos que inspiraron la legislación específica sobre el trabajo femenino. Hasta el punto de que es cada día más necesaria y universalmente aceptada la equiparación de la mujer, tanto para conseguir un empleo como para desempeñarlo en igualdad de condiciones con los trabajadores varones[184].

Por ello, reconociendo, como hemos señalado, "las aspiraciones formuladas en este mismo sentido por la sección Femenina del Movimiento y la Organización Sindical"[185] abordaba un doble propósito: armonizar el trabajo por cuenta ajena de la mujer con el cumplimiento de sus deberes familiares, es decir, conciliar la faceta de trabajadora con la de esposa y madre; y por otro lado, facilitar a las trabajadoras un mayor nivel de capacitación profesional para ampliar las oportunidades de empleo selectivo y de promoción a mejores puestos de trabajo, pero aún quedaba mucho por hacer.

En resumen, por una parte, se pretende alfabetizar y promocionar a la mujer ampliando su campo cultural, pero siguiendo unos roles muy marcados y diferentes entre los hombres y las mujeres, acentuando el trabajo del hogar en el caso de las niñas y ubicando a la mujer en un plano subordinado al del hombre. Y a la vez siguiendo los ideales de José Antonio Primo de Rivera y los Principios del Movimiento Nacional.

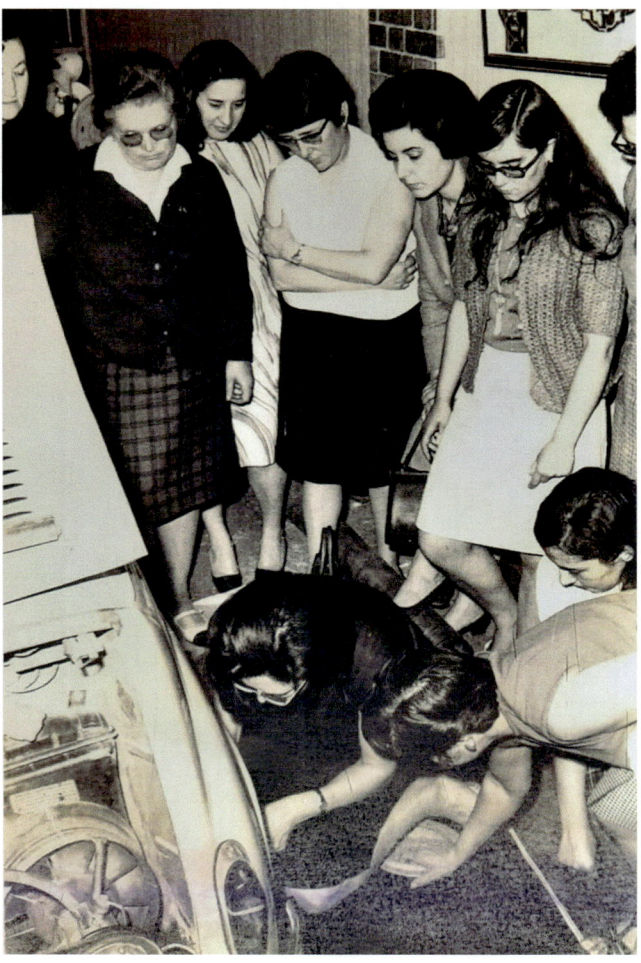

Cambio de rueda en un curso de Sección Femenina sobre mecánica del automóvil. A.H.P.C. Leg. 297-15.

## NOTAS DEL CAPÍTULO 8

[175] *Decreto 378 de 7 de octubre de 1937.* En Proyecto Filosofía en español de la Fundación Gustavo Bueno. Disponible en: https://filosofia.org/hem/dep/boe/9371011.htm

[176] A.H.P.C., Legajo 182-1, Sección Femenina.

[177] A.H.P.C., Legajo 266-3, Sección Femenina.

[178] A.H.P.C., Legajo 256-6, Sección Femenina.

[179] Curso para el servicio doméstico en la Escuela Hogar de la Sección Femenina de Santander. 17 de febrero de 1961. Fondo Pablo Hojas.

[180] A.H.P.C., Legajo 256-1, Sección Femenina.

[181] A.H.P.C., Legajo 256-2, Sección Femenina.

[182] A.H.P.C., Legajo 297-8.17, Sección Femenina.

[183] A.H.P.C., Legajo 267-2, Sección Femenina.

[184] Decreto 2310/1970. de 20 de agosto por el que se regulan los derechos laborales de la mujer trabajadora en aplicación de la Ley de 22 de julio de 1961, publicado el 24 de julio de 1970 en el B. O. del E.-Núm. 202. Disponible en: https://www.boe.es/boe/dias/1970/08/24/pdfs/A13756-13757.pdf

[185] Op.cit.

# 9.- EL FRENTE DE JUVENTUDES

Como es sabido, el Frente de Juventudes fue un organismo político-administrativo creado en España en la postguerra, como sección juvenil autónoma de Falange Española Tradicionalista y de las JONS, partido único en la dictadura del general Franco. Fue creado para el adoctrinamiento político de los jóvenes españoles según los principios del llamado Movimiento Nacional. Con anterioridad, habían existido una serie de organizaciones juveniles de los partidos, especialmente los «pelayos», juventudes del tradicionalismo, y los «balillas», primera denominación de la organización juvenil de Falange Española de las JONS, que pasó a denominarse Organizaciones Juveniles por el Decreto de Unificación de 1937 y cuyo segundo y último delegado fue, hasta 1940, Sancho Dávila. Todas estas organizaciones se disolvieron e integraron en el Frente de Juventudes. Con la dictadura franquista quedan prohibidas diferentes asociaciones juveniles y será el Frente de Juventudes quien lleve a cabo la única organización juvenil.

En el artículo primero de la ley por la que se fundan, se señala que se instituye para la formación y encuadramiento de las fuerzas juveniles de España como una sección de la Falange. Y el segundo establece que, dentro del Frente de Juventudes, el Sindicato Español Universitario agrupará a los escolares de Centros de Enseñanza Superior. En su artículo séptimo se establecen las funciones del Frente de Juventudes para sus afiliados: La educación política en el espíritu y doctrina de Falange Tradicionalista y de las JONS, la educación física y deportiva, la educación premilitar, colaborar en la formación cultural, moral y social con las instituciones a las que corresponda prestarlas y secundar la educación religiosa, organizar y dirigir campamentos, colonias, albergues, cursos, academias y cualquier otra de este género enderezada al cumplimiento de sus funciones y completar respecto a sus afiliados, la labor del Estado principalmente en materia de Sanidad, Enseñanza y Trabajo. A esto se añade que el artículo octavo plantea también como funciones del Frente de Juventudes respecto a toda la juventud no afiliada y que se encuentren en Centros de enseñanza o Trabajo, la iniciación política, la educación física, la organización de cuantas colonias de verano e instituciones afines sean subvencionadas por las corporaciones públicas y la inspección de las que organicen las entidades privadas, y la vigilancia del cumplimiento de las consignas del Movimiento en lo que a la juventud se refiere en los Centros de Enseñanza y Trabajo.

Los organismos estatales y del Movimiento dictaron diversas disposiciones cumplimentando a aquélla en los centros de enseñanza y de trabajo. Todos los jefes de empresas que tuvieran aprendices trabajando o recibiendo enseñanza profesional, quedaban obligados a permitir que éstos acudieran al Frente de Juventudes a recibir la educación religiosa, física, política, deportiva y premilitar. Los jefes de empresas tenían que conceder una hora semanal a los aprendices menores de 21 años que estuvieren trabajando o recibiendo enseñanzas profesionales en virtud de contrato de trabajo o aprendizaje.

Ilustración 75. Libro de Educación cívico-social, Primer curso. Editado por Doncel.

La Ley del 6 de diciembre de 1940 instituye el Frente de Juventudes y hace una mención especial al encuadramiento de las juventudes femeninas, y propone que sin perjuicio de que a los efectos de una mayor organización de juventudes, las mujeres se constituyan como una sección del Frente, "la formación y el estilo de las juventudes femeninas tengan asegurada toda la diferenciación que corresponde a las exigencias de la doctrina de Falange sobre la educación de la mujer"[186]. Por ello, apuntan que "tiende la Ley a garantizar que sea la Sección Femenina la que seleccione los mandos de su juventud e inspire y vigile plenamente la formación de las que en gran parte serán sus futuras afiliadas"[187]. Por ello, el artículo 4 establece que "Las Juventudes femeninas constituyen la Sección Femenina del Frente de Juventudes. La formación de sus afiliadas corresponde en plenitud a la Sección Femenina del Partido, sin perjuicio de las atribuciones del Frente en lo que se refiere al encuadramiento y servicios comunes[188]".

En noviembre de 1961, se cambia la denominación de Frente de Juventudes por la de la Delegación Nacional de Juventudes y en enero de 1970 se reorganiza la Secretaría General del Movimiento y cambia su denominación por la de Delegación Nacional de la Juventud, con el que llega ya hasta su desaparición en 1977.

En la Delegación Nacional de Juventudes, todos los jóvenes españoles, menores de edad, por el simple hecho de serlo, podían buscar la orientación y la ayuda necesaria. Entre sus fines tenía servicios educativos, fundación y dotación de becas, colegios menores, Formación Profesional industrial y campesina, campamentos, deportes a través de los Juegos Naciones y Escolares y los Federativos Juveniles, sanidad, asistencia religiosa, milicia, hogares juveniles, seminarios educativos sobre las más variadas materias, acceso al arte, comunicación entre los jóvenes españoles y extranjeros en intercambio epistolar, gracias a *La Estafeta Juvenil Internacional* e información, pues poseía una cadena de 60 emisoras que proclaman con el nombre de *Radio Juventud,*

Ilustración 76. Emblema de los Albergues de Juventudes.

*Oficinas de Turismo Internacional y Viajes Educativos (TIVE)* y la *Red Española de Albergues Juveniles (REAJ)*, que ofrecían la posibilidad de viajar por el mundo apoyándose en la red de sus hosterías.

En cuanto a la Organización Juvenil Española (OJE), se fundó en 1960, dependiendo de la Secretaría General del Movimiento, centrada en la educación no formal de los niños, jóvenes y adolescentes [Ver ANEXO 1]. Tras la muerte de Franco, se desvinculó del Movimiento Nacional y del Estado para convertirse en una asociación privada.

## La formación de los profesores especiales

La Formación del Espíritu Nacional para los alumnos, también conocida como Formación Político-Social, era una de las asignaturas que se tenían que impartir en la Escuela de Magisterio, principalmente por los instructores que habían estudiado en la Escuela Nacional José Antonio de Madrid. Los profesores encargados de esta materia seguían las directrices del Frente de Juventudes que, a su vez, editaba la revista *Mandos*.

Como ya dijimos, la *Ley de 6 de diciembre de 1940* encarga, en su artículo 28, al Frente de Juventudes y a la Sección Femenina la formación política, física y premilitar de los jóvenes. Se crea el Servicio Nacional de Instructores y se establecen

Ilustración 77. Libro de Educación cívico-social, Cuarto curso. Editado por Doncel.

Ilustración 78. Libro de Convivencia Humana, Frutos Cortes Eugenio, Madrid. Editado por Doncel, 1968.

dos escuelas, ya referidas: por un lado, la Academia Nacional de Mandos e Instructores José Antonio, cuyo primer director fue Julián Pemartín San Juan, al que seguirá Alberto Aníbal Álvarez; y, por otro, la Escuela Isabel la Católica, en Las Navas del Marqués, para instructoras de Educación Física[189].

Por una orden del 16 de octubre de 1941, se establecía que de la Educación Física y Política se encargaría el Frente de Juventudes y, según la *Ley del 26 de febrero de 1953, sobre ordenación de la Enseñanza Media, la Formación del Espíritu Nacional y la Educación Física,* serán fundamentales, obligatorias y debidamente atendidas en los planes de todos los cursos, en los horarios escolares, en los exámenes y en las pruebas de grado.

Las clases de Educación Física comenzaban con las alineaciones y formación en hilera, giros, extensiones y precalentamientos, ejercicios de base. Y terminaban con los saltos de aparatos con el potro, plintos, espalderas; dedicando la parte final a la práctica de algunos deportes. En los festivales de fin de curso, realizaban las exhibiciones gimnásticas. A finales de los años 70, fueron cambiando las metodologías, practicando una Educación Física centrada en el juego.

## El tiempo libre: un plan ideado por el Frente de Juventudes

Hacia 1887 la Institución Libre de Enseñanza eligió San Vicente de la Barquera para situar una colonia de verano para acoger a niños y niñas. Con la Guerra Civil termina el fin de estas colonias. De nuevo y bajo la dictadura de Franco se realiza en Cóbreces el

Campamento Nacional denominado Francisco Franco en 1938. Otros campamentos en esta época tiene lugar en los pueblo de La Penilla, Laredo, Somo, Reinosa.

Para poder impartir las enseñanzas de Formación Política, Educación Física y Organización de Colonias y Campamentos, se necesitaba el título de maestro/a instructor/a. Durante los años 1941 y 1942, estos cursillos se celebraron en Madrid y provincias. Los considerados aptos para el desempeño reciben el título de Instructores Elementales Provisionales y, después de un año de prácticas, si han sido satisfactorias, recibían el título definitivo. También recibían estas enseñanzas en cursillo especial los maestros aprobados en las oposiciones del Magisterio del año 1942 y, para tomar posesión en propiedad de su escuela, necesitaban obtener el título de Instructores Elementales del Frente de Juventudes, según *Orden del Ministerio de Educación Nacional de 14 de agosto de 1942.*

En estos años, se convocan cursillos a los que asisten los encargados en las enseñanzas de escuelas graduadas y colegios de la capital. La Sección de Centros de Enseñanza tiene al frente un jefe, auxiliado por un secretario, y entre sus competencias está la de inspeccionar los centros de Enseñanza Primaria y Media en lo que se refiere a la Educación Física, Política y Premilitar. En el segundo curso, celebrado en Santander en septiembre y octubre de 1942, reciben el título 38 instructores, todos ellos maestros. El 5 de abril de 1943 comienza otro curso al que asisten 25 alumnos, entre religiosos, maestros y afiliados a la Falange Juvenil de Franco.

Ilustración 79. Actividades juveniles de tiempo libre[190].

Ilustración 80. Libro de Vida social[191].

Ilustración 81. Título de Instructor Elemental
del Frente de Juventudes
Fuente: Archivo personal de la familia de Luis Pairet.

Este se celebra en régimen de externado en la Escuela de Artes y Oficios. Reciben clases de Formación Política (antecedentes históricos), Doctrina del Movimiento, Educación Física (teórica y práctica) y Formación Religiosa y Moral. Adquieren, de entre ellos, el título de instructores 162 maestros de primaria, 14 correspondientes a enseñanzas medias y 7 a enseñanzas especiales[192].

Los contenidos que se impartían en los campamentos hacían referencia a la formación política, física y premilitar, música y canto, y prácticas de carácter social, así como consignas, normas y preceptos religiosos, todo ello basado en conferencias. Una vez recibido el título de Instructor Elemental Provisional, los maestros nacionales tenían que integrarse en el llamado Movimiento. Esta titulación de maestro instructor del Frente de Juventudes, en un principio, se podía obtener mediante la asistencia a campamentos interprovinciales, a campamentos nacionales, o por haber participado en actividades que estuvieran vinculadas al propio Frente de Juventudes[193].

## Los cursos de capacitación para actividades de tiempo libre para los maestros y maestras de Enseñanza Primaria

A partir de la *Ley de Enseñanza Primaria 169/1965*, de texto refundido aprobado por *Decreto 193/1967, de 2 de febrero*, el Ministerio de Educación y Ciencia junto con las Delegaciones Nacionales de Juventudes y con la Sección Femenina, determinará el modo y forma de los Cursos de Capacitación en Actividades juveniles de Tiempo Libre que habrán de realizar los alumnos para la obtención del título de maestro.

Ilustración 82. Título de Maestro Instructor del Frente de Juventudes.
Fuente: Archivo personal de la familia de Luis Pairet.

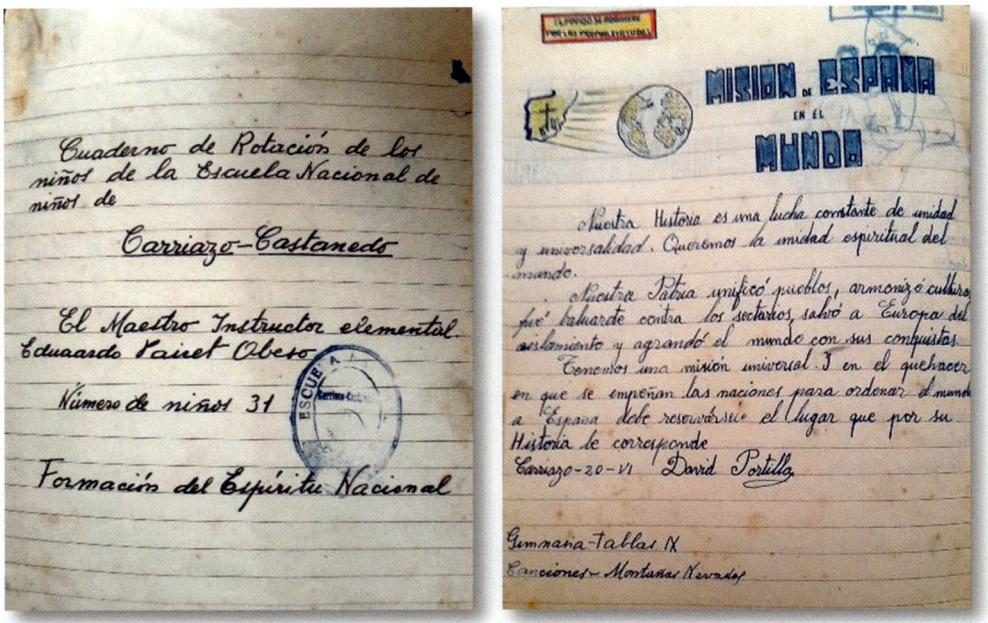

Ilustración 83. Cuaderno de rotación de la Escuela de Carriazo. Maestro Eduardo Pairet.
Fuente: Archivo personal de la familia de Luis Pairet.

A partir del Plan de 1967, los estudios de las titulaciones de Maestro y Maestra Instructor/a de Juventudes pasaron a denominarse: Cursos de Capacitación para Actividades de Tiempo Libre de Magisterio. El alumnado de la Escuela Normal, según la *Orden Ministerial de 26 de marzo de 1968*[194], tenía que seguir los Cursos de Capacitación en Actividades Juveniles de Tiempo Libre, para la obtención del título de Maestro de Enseñanza Primaria.

En el año 1967[195], los turnos de campamentos interprovinciales que tienen lugar durante el mes de agosto se desarrollan en veinticuatro provincias y, además, en dos albergues denominados nacionales que sirven para poder facilitar la asistencia de los alumnos de Magisterio con más de treinta años de edad o que padecen algún defecto físico. Estos albergues nacionales se sitúan en el Colegio Menor General Pizarro de Teruel y en el Colegio Menor Onésimo Redondo de Valladolid. A los alumnos de Santander que realizan el turno interprovincial, les corresponde ir a los campamentos La Solana y El Cueto de Boñar, ambos en la provincia de León, junto con los alumnos de León, Asturias y Palencia.

En el año 1971, el Curso de Capacitación en Actividades Juveniles de Tiempo Libre se reduce a quince días, y se desarrolla en el campamento Carlos I de Lare-

Ilustración 84. Alumnos del Plan 67 en el campamento Carlos I de Laredo, en el verano 1972, con el fin de obtener la Capacitación en Actividades Juveniles de Tiempo Libre. Fuente: archivo personal de Leonardo Castillo Gutiérrez.

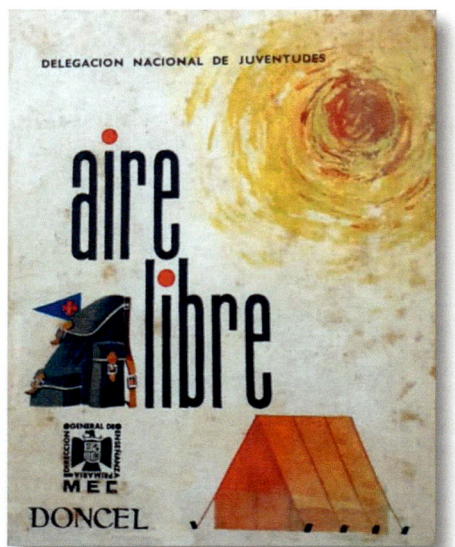

Ilustración 85. Libro sobre Aire Libre de la Editorial Doncel.

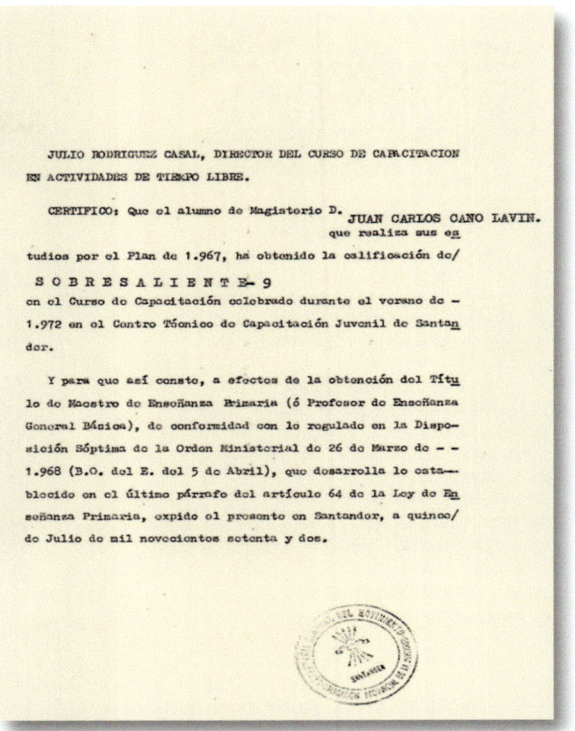

Ilustración 86. Certificado de Capacitación para Actividades de Tiempo Libre. Julio de 1972.

do[196]. Allí acuden 123 maestros a realizar actividades deportivas, artísticas, musicales y un curso de salvamento y socorrismo a cargo de la Cruz Roja. Para la gestión, eligen una Junta Juvenil entre los mismos maestros, y lo dirige el profesor de Educación Física de la Escuela de Magisterio de Santander, Julio Rodríguez Casal.

## La Cadena Azul y la editorial Doncel

La Cadena Azul de Radiodifusión (CAR) fue una de las cadenas de redifusión española perteneciente al Frente de Juventudes, y que dependía de la secretaria general del Movimiento que nombraba a sus directores, y se financiaba con la publicidad. Carmelo Oria Cifrián fundó la emisora como Estación Escuela de la Cadena Azul de radiodifusión en Torrelavega. Comenzó a emitir el 16 de mayo de 1954. La primera instalación estuvo en la calle José María de Pereda de Torrelavega. Entre sus programas destacaron: *Pequeñeces, Optimismo musical, Cuénteme usted su caso* y *El balcón del deporte*. En 1965, pasó a ser Radio Juventud y constaba de un conjunto de control, magnetofón, tocadiscos, cápsulas, tapa, mesa de control, sillas, estantería, reloj, libros, discos. También en la villa de Laredo exis-

Ilustración 87. Programa
de Radio Juventud de Laredo.

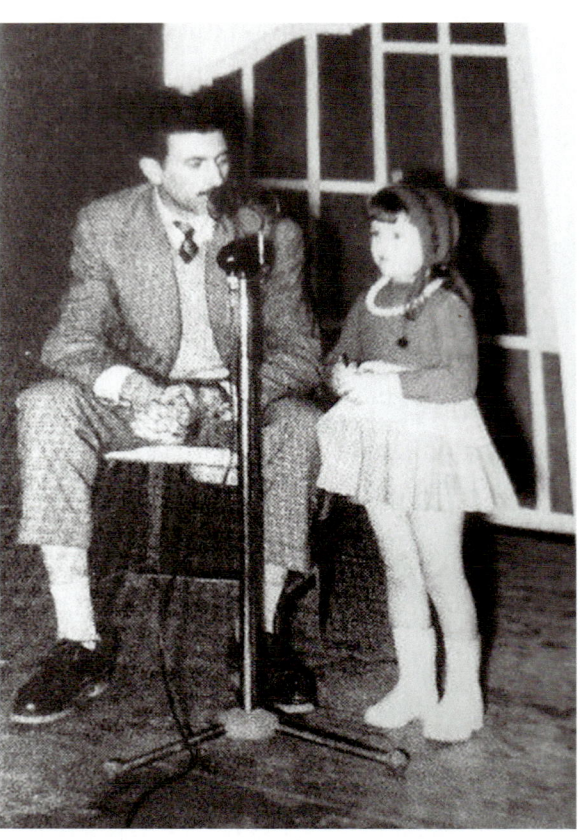

Ilustración 88. Audición Infantil.
Pequeñeces. Carmelo Oria y una niña
en el estudio de Radio Torrelavega.
Año 1955.

Ilustración 89. La emisora de Radio Juventud de Laredo.
El Diario Montañés. 1960.

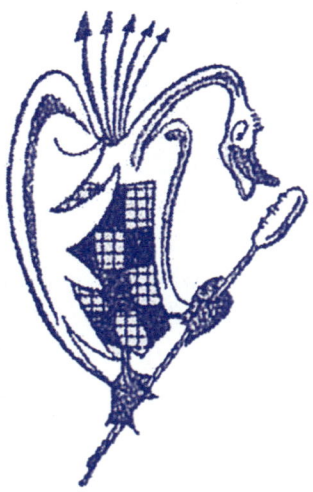

Ilustración 90. Emblema de
Radio Juventud de Torrelavega.

tió la Cadena Azul inaugurada en 1953. Radio Juventud de Laredo iniciaba su despegue turístico y veraniego, y la emisora venía de perlas para promocionarse. Al principio situada en el Ayuntamiento y más tarde en el chalet conocido como la emisora[197].

Las emisoras de la Cadena Azul, trajeron un poco de aire fresco y renovador a la radiodifusión española. Sus realizaciones en el terreno de la extensión cultural (radio escolar, bachillerato radiofónico, promoción artística con los festivales, certámenes literarios, cuadros de arte, conciertos comentados, y la labor benéfica con la gran subasta, campaña de la sonrisa recabando la entrega de juguetes, su labor social con el homenaje a los ancianos y los consultorios médicos entre otras actividades), aunque afines al Movimiento y sujetos a sus consignas.

## La editorial Doncel

La década de los sesenta trajo caminos de apertura en cuanto a la legislación en materia editorial. El 19 de enero de 1967 se promulgó, tres años después de la Ley de Prensa e Imprenta, un nuevo decreto que aprobaba el Estatuto de Publicaciones Infantiles y Juveniles,

Ilustración 91. Emblema de la editorial Doncel. La ballena alegre.

Ilustraciones 92 y 93. Libros de lectura de la editorial Doncel.

Ilustración 94. Libro de lectura
de la editorial Doncel.

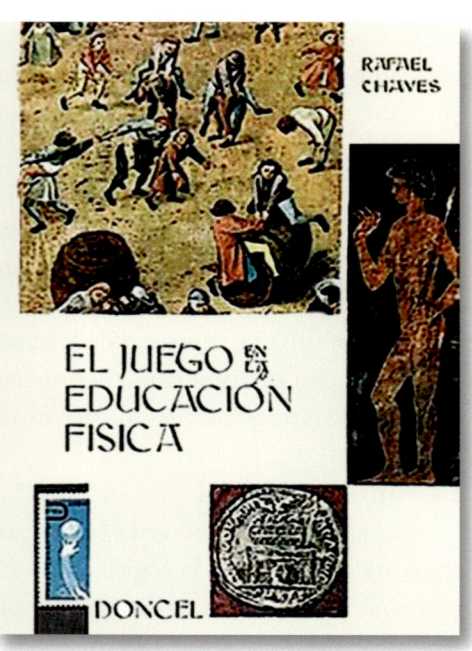

Ilustración 95. Libro de Educación Física
de la editorial Doncel.

Ilustración 96. Libro de lectura
de la editorial Doncel.

Ilustración 97. Libro de Literatura Infantil
de la editorial Doncel.

aunque regulaba unos contenidos morales determinados, ampliaba extraordinariamente el campo de acción[198].

La editorial Doncel publicó los libros de texto de educación física y de formación de espíritu nacional, así como los libros de lectura. La editorial disponía de varias colecciones de libros como La ballena alegre, Ballenato, Cultura popular juvenil, La obra bien hecha, Historia y antologías. Entre ellos destacamos "El niño, la golondrina y el gato", de Miguel Buñuel; "Luiso", de Sánchez Silva y Luis de Diego; "El jardín de las siete puertas", de Concha Castroviejo; "Marcelino, pan y vino", de José María Sánchez Silva; "Modelismo naval", de Julio O. Guile; "El arte de la cometa", de Fernando de la Torre; "Historia de la literatura infantil española", de Carmen Bravo Villasante, y "El juego en la educación física", de Rafael Chávez, entre otros.

## NOTAS DEL CAPÍTULO 9

[186] Ley de 6 de diciembre de 1940 instituyendo el Frente de Juventudes. publicado el 7 de diciembre de 1940 en el B. O. del E. Año 5, Núm. 342.

[187] Op. Cit.

[188] Op. cit.

[189] PASTOR PRADILLO, José Luis. *El espacio profesional de la Educación Física en España: Génesis y formación (1883-1961)*, Madrid, Servicio de publicaciones de la Universidad de Alcalá, 1997, págs. 551-554.

[190] GRANADOS, Carlos, LORENTE MEDINA, Fernando y los Gabinetes de Sociología y Actividades de tiempo libre del Instituto de la Juventud, Actividades juveniles de tiempo libre, Madrid, Editorial Doncel, 1972.

[191] VIGIL, Francisco. *Vida social*, Editorial Doncel.

[192] FRENTE DE JUVENTUDES, *Memoria 1943*, Santander, Ediciones Aldus, S.A., 1944, págs. 13-60.

[193] CRUZ OROZCO, José Ignacio, *El Yunque azul. Frente de Juventudes y sistema educativo razones de un fracaso*, Madrid, Alianza Editorial, 2001, págs. 103-130.

[194] *BOE*, 5-04-1968.

[195] Delegación Nacional de Juventudes, *Campamentos y Albergues para alumnos del Magisterio. Campaña 1967*, Madrid, Gabinete de Información Juvenil, Delegación Nacional de Juventudes, 1967, págs. 1-18.

[196] *Alerta*, 14-07-1972, pág. 3.

[197] de Castro Juez, Casto, ¡Aquí Radio Torrelavega! Medio siglo de historia, A.G Quinzaños, S.L., Torrelavega, 2004, pág 32-33.

[198] Saiz Ripoll, Anabel, Nuevos horizontes. La literatura infantil española de los sesenta. Cuadernos de literatura infantil y juvenil, año 6, número 53, septiembre 1993.

# 10.- LOS COLEGIOS MENORES Y LOS HOGARES JUVENILES

## El Colegio Menor Torres Quevedo en Los Corrales de Buelna[199]

Este Colegio Menor inició sus actividades docentes el curso 1962-63, significando para la Comarca de los Valles de Buelna e Iguña, la satisfacción de una de sus viejas aspiraciones: tener la oportunidad de que los muchachos de esta comarca pudieran estudiar el Bachiller, sin necesidad de desplazarse a Torrelavega que es donde se encontraba el centro de Enseñanza Media más próximo. Se trataba de un colegio libre adoptado y mixto, en régimen de internado. Oficialmente, se examinaban en el Instituto de Torrelavega. No existía modalidad residencial, sólo escolaridad.

En la época se informa que, desde el punto de vista político, la presencia del Colegio-Academia de Juventudes en esta zona, donde abunda el trabajador por cuen-

Ilustración 98. Colegio Menor Leonardo Torres Quevedo.

Ilustración 99. Emblema del Colegio Menor Leonardo Torres Quevedo.

ta ajena que presta sus servicios en la factoría de Nueva Montaña Quijano, representa una garantía de estabilidad de carácter innegable y francamente positivo. Sin embargo, durante el curso 1966-67, el déficit económico llegó a alcanzar tales características que al parecer no había otra solución que su cierre. Pero las gestiones hechas por el alcalde y el jefe local de Los Corrales y por la Delegación Provincial de Santander permitieron obtener de la Empresa Nueva Montaña Quijano, S.A., y del Ayuntamiento de Los Corrales subvenciones escalonadas para tres cursos, y del resto de los Ayuntamientos de los Valles de Buelna e Iguña, una subvención única que representó la "inyección de suero" que permitió en aquel momento prolongar su precaria vida. No obstante, en 1972 se clausura.

En el Curso 1969-70 el número de alumnos que acuden al Colegio Menor Torres Quevedo se representa en la siguiente tabla (6).

### Tabla 6. Curso 1969-70, número de alumnos

| Bachiller elemental | Alumnos |
|---|---|
| 1º | 45 |
| 2º | 40 |
| 3º | 40 |
| 4º | 30 |
| **Bachiller elemental** | **Alumnas** |
| 1º | 45 |
| 2º | 40 |
| 3º | 25 |
| 4º | 10 |
| **Bachiller superior** | **Alumnos y alumnas** |
| 5º | 30 |
| 6º | 10 |
| **Preparatoria** | **40** |

*Elaboración propia*

El proyecto de actividades en 1968-69 que se llevaron se muestran en el siguiente apartado[200]:

## Actividades formativas

a) Conferencias. A lo largo del curso, en los actos oficiales: día de la Madre, Santo Tomás, fiesta de fin de curso, etc., se ofrecieron conferencias a cargo de distinguidas personalidades.

b) Revista oral "Palabra". En ese curso ofrecieron tres números: Inmaculada, Segundo Trimestre y Las fiestas de fin de curso.

c) Teatro leído. Se hicieron tres sesiones y se contó con la colaboración de la Sección Femenina.

d) Exposiciones. Mensuales, de los trabajos manuales, periódicos y murales realizados por los alumnos.

## Actividades religiosas espirituales

a) Ejercicios Espirituales. En régimen de internado a la casa de Ejercicios de los Padres de las Caldas de Besaya.

b) Primeros viernes. Se celebraba misa en la capilla de la Santísima Virgen de la Cuesta celebrando el Padre Espiritual del colegio.

c) Día familiar. Los días 8 de diciembre y 19 de marzo.

## Actividades escolares

a) Cinemateca y Fonoteca. Diapositivas que servían para completar las clases de las respectivas asignaturas.

b) Rincón poético.

c) Revista "Palabra".

d) Murales.

e) Excursiones.

f) Postales Navideñas.

## Festividades del calendario escolar

a) Apertura del curso. Día 5 de octubre.

b) 20 de noviembre. Concurso literario sobre la muerte.

c) Día 8 de diciembre.

d) Fiestas fin de curso en los primeros días de mayo.

e) Juegos florales. Organizados por el Colegio y patrocinados por la Caja de Ahorros.

f) Concurso literario entre todos los estudiantes de la Provincia.

## OJE (Organización Juvenil Española)

a) Los cursos de Proeles, para los primeros grados.

b) Marchas programadas.

c) Campamentos.

d) Aula Menor sobre temas de actualidad.

## Deportivas

a) Fútbol. Campeonatos escolares.

b) Atletismo.

c) Campeonatos escolares de baloncesto, balonmano, atletismo y fútbol.

Ilustración 100. Libro de la OJE
(Organización Juvenil Española).
Primeros Auxilios.

Ilustración 101. Libro de la OJE
(Organización Juvenil Española).
Actividades juveniles.

El número de alumnos y alumnas que asisten al Colegio Menor Torres Quevedo en el año 1968-69 fue el siguiente:

| NIÑOS | |
|---|---|
| PREPARATORIA | 14 |
| PRIMER CURSO | 43 |
| SEGUNDO CURSO | 43 |
| TERCER CURSO | 27 |
| CUARTO CURSO | 26 |
| **TOTAL** | **153** |
| NIÑAS | |
| PREPARATORIA | 12 |
| PRIMER CURSO | 25 |
| SEGUNDO CURSO | 11 |
| **TOTAL** | **48** |

## El colegio Igareda de la Delegación de Juventudes, en Cabezón de la Sal[201]

Comenzó su andadura en el curso 1953-54, pero los alumnos se examinaban por libre en el Instituto Marqués de Santillana de Torrelavega. Fue un colegio mixto libre adoptado. El 8 de julio de 1963, la Corporación de Cabezón de la Sal adoptó el acuerdo de dirigirse al Ministerio de Educación Nacional para solicitar la creación de un colegio mixto, libre, adoptado, de Enseñanza Media Elemental para este Ayuntamiento cuyo censo de población era de 4.780 habitantes. Informó el Ayuntamiento que el colegio Ygareda de la Delegación de Juventudes

Ilustración 102. Emblema del Colegio Igareda.

de esa villa reunía los requisitos necesarios. Era un colegio academia de enseñanza libre funcionando con completo éxito desde hacía siete años y que solo tenía escolaridad, pero no residencia. Para la parte femenina, el Ayuntamiento contó con las instalaciones del colegio libre Sagrado Corazón, regido por religiosas de

San Vicente de Paúl. Como el Colegio Igareda afectaba a los Ayuntamientos de Udías, Mazcuerras, Ruente, Junta Vecinal de Caranceja (Ayuntamiento de Reocín), Juntas Vecinales de Treceño y San Vicente del Monte (Ayuntamiento de Valdáliga), se estimó preciso recabar del Gobernador Civil de Cantabria —Provincia de Santander entonces— la cooperación de dichos Ayuntamientos y Juntas Vecinales para cumplimentar los compromisos adquiridos.

### El Colegio Menor de Reinosa

La Merindad de Campoo, constituida por once Ayuntamientos y cuya capitalidad es Reinosa, solicitó la construcción de un Colegio Menor para resolver el problema de alojamiento del alumnado que quería cursar estudios en la Sección Delegada de Enseñanza Media. La petición fue acompañada por la promesa de toda la Merindad de habilitar por parte de los Ayuntamientos los fondos necesarios. Para ello, hubo un acuerdo en sesión plenaria del Ayuntamiento de Reinosa para ceder 5.000 metros cuadrados de terreno en un lugar cercano al emplazamiento de la Sección Delegada de Enseñanza Media, a elección del Frente de Juventudes, para el Colegio Menor.

Ilustración 103. Colegio Menor de Reinosa.

De acuerdo con el Decreto 856/1963 de 18 de abril (BOE nº 101, de 27 de abril) y en consonancia con la Orden del Ministerio de Educación Nacional de 3 de agosto de 1963 (B.O. del M. de E.N. número 70 de 2 de septiembre). La dirección vio con buenos ojos todo ello y, en 1966, la Corporación municipal en sesión celebrada el 28 de junio, adoptó el acuerdo de ceder gratuitamente a la Delegación Nacional del Frente de Juventudes para la construcción de un colegio menor, una parcela de terreno de propiedad municipal. Y el Ministerio autorizó al Ayuntamiento de Reinosa para ceder gratuitamente a la Delegación Nacional del Frente de Juventudes, la parcela de terreno de propiedad municipal anteriormente referida, a los fines y con las condiciones expresadas en el expediente. Tendría régimen de internado.

Don José López Hoyos, catedrático y director del Instituto de Enseñanza Media Marqués de Santillana de Torrelavega, el 29 de octubre de 1966, informaba del comienzo de las tareas docentes en la Sección Delegada Mixta de Reinosa, dependiente de ese Instituto, con una nutrida asistencia de alumnos y alumnas, más de trescientos. A su juicio, dicha Sección venía a cubrir una necesidad imperiosa de la ciudad de Reinosa, teniendo en cuenta, además, su situación como centro de influencia de una extensa zona campurriana y limítrofe, en un radio de varios kilómetros, por lo que hacía concebir las mejores esperanzas en cuanto a número del alumnado, tanto masculino como femenino.

## El Colegio Menor de la Juventud Santa Cruz de Liébana

En 1962, Desiderio Gómez Señas, sacerdote de Liébana, solicitó al Gobernador Civil de Santander la creación de una filial del Instituto de Torrelavega. El 16 de marzo de 1963 el Ministerio de Educación adoptaba el Colegio Libre Adoptado de Enseñanza Media, mixto, de Grado Elemental de Potes.

Y después se crea el Internado para alumnos en el Convento de San Raimundo, propiedad municipal. Desiderio propone solicitar al Ministerio de Educación el reconocimiento de Colegio Menor y se le da el nombre de Patronato, Residencia de la Santa Cruz.

Ilustración 104. Emblema del Colegio Menor de la Juventud Santa Cruz de Liébana.

En 1969 el Ministerio reconoce como Colegio Menor masculino al Centro Residencial de la Santa Cruz de Liébana. Y en 1972 se crea el Colegio Menor Femenino Virgen de la Luz.

Ilustración 105. Grupo de alumnos del Colegio Menor Modesto Tapia de Santander, año 1973.

## El Colegio Menor Modesto Tapia de la Caja de Ahorros de Santander

Ilustración 106. Emblema del Colegio Menor Modesto Tapia.

La Caja de Ahorros de Santander crea, como obra benéfico-social, un Colegio Menor y acuerda que sea regido por el Frente de Juventudes. Actualmente es la sede del CASYC (Centro de Acción Social y Cultural). Se destina para este fin la finca propiedad de la Caja de Ahorros de Santander situada en la calle de Tantín, número 21. El Frente de Juventudes facilitó el asesoramiento y ayuda técnica necesaria para la confección del proyecto. Se denominó Colegio Menor Modesto Tapia de la Caja de Ahorros de Santander, en homenaje al modesto industrial que instituyó el legado que sirvió de base a la constitución del establecimiento y se acordó

Ilustración 107. Colegio Menor
Modesto Tapia de Santander.

Ilustración 108. Revista Foque, editada por
los alumnos del Colegio Menor Modesto
Tapia de Santander, 1972.

proponer para el cargo de director a Enrique Alonso Pedraja. En este Colegio Menor se admitirían alumnos de segunda enseñanza de los Institutos José María de Pereda y Villajunco y a alumnos de Magisterio y de Comercio, disponiendo de internado. Empezó a funcionar en el año 1967.

El Centro disponía de profesores que orientaban a los alumnos con estudios dirigidos. Como complemento participaban voluntariamente en actividades deportivas, entre ellas balonmano, hockey… y culturales, como trabajos manuales, prensa, radio, fotografía, títeres, teatro…

## Los hogares juveniles y los locales

La tarea de atención a la juventud fue preocupación fundamental de la Jefatura Provincial del Movimiento, que amplió la red de Hogares Juveniles, y locales donde convivían y participaban en diferentes actividades los jóvenes como juegos de mesa, ajedrez, teatro, teatro de títeres, música…

### El hogar juvenil de Astillero[202]

Siguiendo la campaña de extensión de centros de convivencia suficientemente dotados de medios de atracción y ambiente apropiado a las necesidades recreativas de los jóvenes, la Jefatura Provincial designó, en diciembre de 1969, la creación de uno de estos centros en la localidad de Astillero.

### El hogar juvenil de Santoña[203]

El Frente de Juventudes de Santander adquirió una finca radicada en Santoña. En la calle General Salinas, había una parte destinada a frontón descubierto con la pared principal para el juego de pelota al norte, y otra al oeste siendo, por tanto, su orientación de Sur a Norte. Tenía bolera descubierta paralela a la anterior y una tejavana cubierta destinada a sala de juegos. Su medida total era de 1.278 metros cuadrados, dividida en tres partes sensiblemente iguales correspondientes respectivamente al frontón, bolera y parte edificada de la finca. Además, existía la Delegación Local Local y el Hogar de la OJE alquilado.

### El hogar juvenil Círculo Roldán Losada

El Hogar Juvenil Círculo Roldán Losada, situado en el Barrio Jacobo Roldán Losada en Santander, contaba con una extensión aproximada de 290 metros cuadrados. Se encontraban ubicadas en el mismo las oficinas de la Jefatura Provincial de la OJE, bar y salones de juego y estancia. Fue propiedad de la Obra Social de la Falange. El Hogar Juvenil Círculo Joaquín Villegas, situado en el Barrio Jacobo Roldán Losada, y el Hogar Juvenil Círculo José Antonio, situado en la Calle Pedrueca, nº 9, 1º, ambos en Santander. Los Hogares Juveniles de Meruelo, de Pedreña, de Solares [Ver ANEXO 2], de Puente San Miguel, de Comillas, entre otros. Y los locales de Ampuero, Ramales, Mataporquera, San Felices de Buelna, San Román, Gama, Peñacastillo, Laredo, Castro Urdiales, Reinosa, Cabezón de la Sal, Santa María de Cayón y San Vicente la Barquera.

## NOTAS DEL CAPÍTULO 10

[199] Legajo 15-9, Frente de Juventudes.

[200] Legajo 80-16, Frente de Juventudes.

[201] Legajo 80-9, Frente de Juventudes.

[202] A.C.P.C., Legajo 15-5, Frente de Juventudes.

[203] A.C.P.C., Legajo 16-6, Frente de Juventudes.

# 11.- INSTALACIONES, SERVICIOS DEPORTIVOS Y CAMPAMENTOS

## Un pabellón de deportes para la capital

El edificio de la Delegación Provincial de Juventudes, estuvo situado en la calle de Vargas, de Santander, ocupando una extensión de 2.855 m², conocido como "La Casa del Flecha"

Con fecha veinticuatro de octubre de mil novecientos cuarenta y cuatro y por escritura que autorizó el Notario de esta ciudad don José Mariano Llorente, el Excelentísimo Ayuntamiento de Santander, vendió al señor compareciente, como Jefe Provincial de Falange Española Tradicionalista y de las JONS, con destino al Frente de Juventudes, la finca que a continuación se describe: Terreno en casco de esta ciudad, en la Alameda Segunda. Es un edificio que constaba de planta baja y

Ilustración 109. Nuevas instalaciones del Frente de Juventudes, 1946-47.
Fondo Joaquín y José Luis Araúna, Centro de Documentación de la Imagen de Santander.

cinco plantas más, la última con destino a vivienda del Conserje. Como elementos característicos de la construcción destacaba la piscina, que comprendía las plantas primera, segunda y tercera, y la capilla y gimnasio en la planta cuarta.

En marzo de 1957, el delegado provincial Enrique Alonso Pedraja expuso que el ambiente deportivo[204] existente en Cantabria y sus condiciones climáticas habían hecho sentir desde hacía bastantes años la necesidad de construir un Pabellón de Deportes donde se pudieran realizar en cualquier época del año manifestaciones de índole deportiva que por sus peculiaridades necesitan unas condiciones para su desarrollo y donde pudiera crearse el ambiente necesario para la afición que las presencia. Todo ello asegurando una comodidad de instalaciones y sobre todo el cobijo de las inclemencias del tiempo, generalmente lluvioso [Ver ANEXO 3].

Con el paso del tiempo el edificio de la Delegación Provincial de Juventudes de Santander se encontraba en un lamentable estado de conservación. Existía una estructura de hormigón sin cierres por la cual podía penetrar la gente a las plantas altas del edificio. La instalación eléctrica general del edificio, deficiente ya en su construcción, había sufrido diversas transformaciones provisionales, hallándose convertidos en un caso de líneas con abundantes pérdidas de carga derivaciones a tierra.

Se tuvieron que interrumpir las competiciones en el campo de baloncesto por no presentar las mínimas condiciones para poder practicar el dicho juego. Por otro lado[205], las condiciones ambientales del edificio en general y del sótano en particular eran muy desfavorables, por el alto contenido de humedad existente y la gran cantidad de agua embalsada, producía por su natural evaporación y probable transpiración, humedades que afectaban a todo el edificio. Asimismo, existían importantes lesiones de corrosión de las armaduras de la losa de la piscina.

En el año 1971, ante la necesidad de atender tales deficiencias, después de la amplia exposición del delegado provincial y a la vista de los estudios y programas estudiados, se acordó, a efectos de estudio de proyecto y presupuesto, derribar el actual edificio en su totalidad y proyectar un nuevo edificio Casa de la Juventud, que comprendería una piscina cubierta, pista polideportiva, servicios accesorios a lo anterior, locales para la Delegación Provincial, hogares completos, un albergue juvenil de 100 plazas, salón de actos para todas las dependencias y una posible pista descubierta.

Otras instalaciones y servicios deportivos fueron: Los terrenos del campamento de San Vicente de la Barquera, situados en el término municipal de San Vicente de la Barquera en la finca denominada La Presuca, con una extensión de 16 hectáreas, 88 áreas, y cuatro centiáreas y también un local alquilado.

Ilustración 110. Piscina del Frente de Juventudes, 1946-47.
Fondo Joaquín y José Luis Araúna, Centro de Documentación de la Imagen de Santander.

Ilustración 111. Nuevas instalaciones del Frente de Juventudes, 1946-47. Fondo Joaquín y José Luis Araúna, Centro de Documentación de la Imagen de Santander.

Ilustración 112. Bolera del Frente de Juventudes en 1947.
Publicado en El Diario Montañés el 3 de mayo de 2015.

La bolera del Frente de Juventudes en Santander. Se encontraba en la calle Vargas con una cabida de 1.100 espectadores.

La Delegación de Juventudes de Torrelavega. Edificio propiedad del Movimiento Nacional situado en la avenida de Calvo Sotelo de Torrelavega, con una extensión de 518 m², con 36 mm², terreno sobre el que hay construido un edificio de dos pisos, terraza y planta baja, dedicada esta última a los fines de la Jefatura Local del Movimiento. Constaba de tres plantas, la primera dedicada a dependencias de Delegación Local y Aula; la segunda a Hogar Juvenil de OJE y juventud en general, la tercera planta destinada a Salones de juego.

El refugio de nieve de Brañavieja (Alto Campoo). Propiedad de Juventudes, aunque sin escriturar, constaba de planta baja con cocina, comedor y servicios y de una primera y única planta destinada a dormitorios.

El albergue de Rucandio. Situado en Rucandio (Ayuntamiento de Riotuerto), cedido por la Junta Vecinal.

Los campos de Deportes de Hazas de Cesto, Castro Urdiales, Cabezón de la Sal, La Cavada, Bárcena de Pie de Concha, Reocín y Vargas. Cedidos estos terrenos por los Ayuntamientos y cuyas obras fueron subvencionadas por la Diputación Provincial y los Ayuntamientos respectivos.

Un terreno en la capital, en el lugar de San Andrés, comprado a doña Loreto Arroyo Herrera. Un terreno en el municipio de Monte, Cagigas, comprado a don Juan Antonio Revuelta. Y el campo deportivo en la capital, en el lugar de Campos de Miramar, cuyo terreno se compró a los señores de Arroyo y a don Juan A. Revuelta.

A partir de los años 70 se traslada la Delegación Provincial de la Juventud de Santander[206] a la calle Camilo Alonso Vega, 16 bajo. Propiedad de la Obra Social de la Falange, de 359,80 metros cuadrados, y la Oficina de Viajes también a la calle Camilo Alonso Vega, 14. Y es alquilado un local en la calle Vargas, número 59 para Bazar Juvenil.

### El Club Náutico en la Isla de la Torre de Santander[207]

José Antonio de Mazarrasa y Quijano en nombre de la Sociedad Fomento de la Caza y Pesca de Santander, vendió, cedió y transfirió a favor del Frente de Juventudes de Santander, representado por Joaquín Reguera Sevilla, la Isla de la Torre, ubicada en La Magdalena (Santander). La posesión por el Frente de Juventudes de Santander de la isla de La Torre, enclavada en uno de los puntos más bellos de la bahía de la capital montañesa motivó la creación de la sociedad depor-

Ilustración 113. Isla de la Torre. Fondo Pablo Hojas Llama.
Centro de Documentación de la Imagen de Santander.

Ilustración 114. Pesca Infantil con redeño. Fondo Pablo Hojas Llama.
Centro de Documentación de la Imagen de Santander.

tiva de ambiente marinero con la principal orientación del deporte náutico y la pesca en sus variadas modalidades.

Para ello, se constituyó la sociedad deportiva Club Náutico de Cantabria, de acuerdo con las disposiciones vigentes y en el seno de la Delegación Nacional de Deportes de FET y de las JONS. La misión de esta sociedad deportiva fue el fomento del deporte náutico en cualquiera de sus manifestaciones, la creación de un ambiente marinero en la juventud y la creación de espíritu deportivo de camaradería entre sus socios con actos y fiestas íntimas, además de la prestación de colaboración al Frente de Juventudes.

Las actividades normales del Club Náutico de Cantabria fueron principalmente las deportivas, contándose preferentemente entre ellas la natación, en todas sus manifestaciones; la organización de regatas a vela, motor y remo; la pesca en costa, desde embarcación y submarina; y la colaboración para los concursos de oficio marinero que organizaba el Frente de Juventudes.

## Los campamentos en Cantabria
### El campamento de Laredo

En la sesión del Ayuntamiento de Laredo del 30 de septiembre de 1950, se acordó ceder a la Delegación Nacional del Frente de Juventudes un solar en la

Ilustración 115. Campamento Carlos V de Laredo de la OJE, 1960.
Fondo Joaquín y José Luis Araúna. Centro de Documentación de la Imagen de Santander.

Ilustración 116. Campamento Carlos V de Laredo de la OJE, 1960.
Fondo Joaquín y José Luis Araúna. Centro de Documentación de la Imagen de Santander.

Ilustración 117. Periódico mural "Aire Libre" para confeccionar en las Escuelas.

zona del Ensanche, al sitio de La Salvé, de unos 24.750 metros cuadrados. El Frente de Juventudes llevaba largo tiempo deseando la instalación de un campamento de tipo permanente en Cantabria, con condiciones para su labor formativa. Laredo parecía el lugar adecuado, con su playa, recogida en la bahía, que ofrece condiciones de seguridad que no posee casi ninguna de las del norte, que se hallan abiertas al mar con los consiguientes peligros de resaca. Por otra parte, las comunicaciones en plena carretera de Santander a Bilbao y en recorrido del ferrocarril hacían que sus condiciones fueran aún más favorables. El espacio que el Ayuntamiento de Laredo cedió en las cercanías de la playa permitiría la edificación de una serie de pabellones suficientes para 200 jóvenes con los correspondientes servicios e instalaciones deportivas. Constaría de capilla, edificios destinados a comedor, cocina, almacenes, secretaría y sanidad y las instalaciones deportivas [Ver ANEXO 4].

### El campamento de Loredo

El 18 de diciembre de 1942, en el pueblo de Loredo, el Ayuntamiento de Ribamontán al Mar cedió para un campamento una finca conocida por Hocico de la Peña al Oeste del Coto, con una cabida aproximada de trescientos carros equivalentes a cinco hectáreas, treinta y seis áreas, sesenta y cuatro centiáreas. El destino a que habría de dedicarse la citada finca sería el de la instalación de campamentos juveniles u otros servicios que juzgase oportuno el Frente de Juventudes.

Ilustración 118. Juegos Escolares Nacionales. Delegación de Juventudes.

Ilustración 119. Juegos Escolares. El Diario Montañés, 16 de junio de 1976.

## Los Juegos Escolares Nacionales

La Delegación Nacional de Juventudes, a través de su Sección Central de Enseñanza y Servicio Nacional de actividades deportivas, organizaba con la colaboración técnica de Federaciones Deportivas, los Juegos Escolares Nacionales, patrocinados por el Ministerio de Educación y Ciencia y la Delegación Nacional de Educación Física y Deportes. Para ello agrupaba a los escolares en tres categorías, infantiles A, infantiles B, y juveniles. Los juegos pasaban por tres fases: provincial, fase de sector y fase nacional.

Ilustración 120. Programa de la Semana de la Juventud de 1971.

Ilustración 121. Demostración deportiva en el patio del Colegio San Vicente de Paúl en 1971.

## NOTAS DEL CAPÍTULO 11

[204] A.C.P.C., Legajo 15-1, Frente de Juventudes.

[205] A.C.P.C., Legajo 15-1, Frente de Juventudes.

[206] Legajo 16-3 y 16-10, Frente de Juventudes.

[207] A.C.P.C., Legajo 15-2, Frente de Juventudes.

# 12.- CONCLUSIONES

Con la llegada de la Dictadura del General Franco, los proyectos de la República van a verse truncados y serán abandonados. La única organización de carácter político que se permite es Falange Española Tradicionalista y de las JONS, conocida como Movimiento Nacional. Como es sabido, Movimiento e Iglesia Católica serán los pilares del aparato educativo y de la enseñanza de la época.

La educación cívica que recibió la juventud estuvo basada en los principios que inspiró la doctrina política del Movimiento y en las normas emitidas por el Ministerio de Educación, todas ellas con un fuerte sesgo sexista ya que acentuaban la disciplina y el sacrificio en el caso de los niños y las enseñanzas propias del hogar en el caso de las niñas. Las mujeres tienen que atender las necesidades de la familia, de los hijos y del marido. Estos principios se aplicaron en todo tipo de centros, pero fueron más acentuados en los centros dependientes de la Sección Femenina y del Frente de Juventudes, sobre todo en los años siguientes al término de la Guerra Civil y hasta mediados de los años sesenta. Se puede decir que hubo allí un adoctrinamiento político.

Los libros de texto en esta primera época centraron sus objetivos en el desarrollo del sentido patriótico, con alusiones a la Guerra Civil y a las figuras de José Antonio Primo de Rivera, Franco, Frente de Juventudes y Sección Femenina. A mediados de los años sesenta, los contenidos se centrarán más en la convivencia humana y en los fenómenos sociales, dando comienzo a una progresiva pero lenta flexibilización, aunque a finales de los setenta se vuelven a tratar temas de los las primeras épocas, pero ya son otros tiempos y su influencia es menor.

A partir de 1960[208], la política de juventud dirigida por el Frente de Juventudes, entra en crisis y pierde fuerza, a la vez que los tecnócratas vinculados al Opus Dei comienzan a destacar, los programas de las asignaturas empiezan a sufrir cambios y surge la Delegación Nacional de Juventudes en sustitución del Frente de Juventudes, se redactan nuevos libros de texto y se empieza a hablar de "democracia orgánica". Como ya dijimos la Educación Física fue cambiando y al final de los 70, más orientada al deporte y al juego, y en la parte teórica hacia el desarrollo de temas relacionados con la fisiología, la higiene, el cuerpo humano, y en los primeros niveles la aplicación del cuento a los ejercicios de Educación Física.

Los Colegios Menores proporcionaron un alojamiento y ambiente digno para poder cursar determinados estudios y el alumnado principalmente de los pueblos pudo participar en distintas actividades formativas y culturales. Por su parte, la Granja Escuela establecida en Polanco fue un medio eficaz para elevar el nivel de vida cultural y económico en los pueblos. Con el paso del tiempo tuvieron lugar diferentes cursos para Instructores de Juventudes, de Educación Física, de Puericultura, entre otros. El preventorio Agustín Zancajo de Alceda, primero fue estación preventorial para niñas con problemas respiratorios y posteriormente patronato, escuela y albergue para los cursos de verano. Las cátedras ambulantes llevaron sus enseñanzas y campañas culturales a los pueblos, pero siempre cumpliendo las normas emanadas de Sección Femenina y Frente de Juventudes y posteriormente Delegación de la Juventud.

Las campañas de alfabetización y cursos de promoción profesional influyeron en la promoción social de la mujer trabajadora, aunque siempre teniendo presentes los principios del Movimiento Nacional. Se observa a través de las actividades que se desarrollan en las diferentes instituciones y en los propios libros de texto de formación política, unos roles sociales muy marcados y diferentes entre niños y niñas, hombres y mujeres, que repercuten en la vida familiar, el trabajo y la educación, ubicando siempre a la mujer como una subordinada al hombre. Ya a principio de los años sesenta, los contenidos en los libros de texto se van centrando como hemos indicado en las relaciones sociales.

En 1964 se inicia un proceso de transformación integral de España a través de los planes de Desarrollo Económico y social[209], que supondrá la transición del modelo estructural económico autárquico de la posguerra al inicio de la modernización del país. La Ley General de Educación de 1970 trataba de dar respuesta a las necesidades sociales de un país que había evolucionado mucho más rápido en lo social que en lo político, aunque mantenía el peso inherente del franquismo, dado que también trataba de hacer amas de casa y esposas perfeccionadas, pues mantuvo la obligatoriedad de enseñanzas diferenciadas, señalando que algunas materias debían ser utilizadas de acuerdo con el sexo, aunque a mediados de los setenta algunos colegios y escuelas unitarias inician la coeducación.

Es de destacar que los años setenta vinieron marcados por una politización de la sociedad y en la Universidad española aparecen los conflictos que se enfrentan con el sistema.

A partir de 1970, aumentan los conflictos en la Universidad Española. En el año 1971, hay un paro de los alumnos de la Escuela de Caminos de Santander para oponerse a la dependencia de la Universidad de Valladolid y a favor de la inclusión en la Universidad Politécnica de Madrid. También en la Escuela de Magisterio, durante el segundo trimestre de 1972, tuvieron lugar unas huelgas como protesta por la *Ley General de Educación* y por el aumento de horas lectivas en los planes de estudio. Estas huelgas terminaron con las detenciones de algunos alumnos que, al parecer, habían repartido propaganda a favor del Partido Comunista.

En el curso de 1974, en la Escuela de Magisterio se suceden unas movilizaciones para oponerse a la política educativa del régimen y en solidaridad con otros centros de España. Se constituye el Consejo de Alumnos de la Universidad de Santander, que plantea al entonces ministro de Educación, Cruz Martínez Esteruelas, una mayor democratización interna de la enseñanza. En el siguiente, los estudiantes de Magisterio, junto con los de Caminos, Náutica y Empresariales, realizan una serie de protestas y huelgas que terminan con la detención de la cantante Elisa Serna justo antes de actuar en el Paraninfo de Las Llamas, y la suspensión del acto que estaba preparado. Asimismo, se producen una serie de protestas contra el cierre de la Universidad de Valladolid. Varios alumnos del Colegio Mayor Juan de la Cosa piden la dimisión del director y, a finales de 1977, los alumnos de Magisterio, junto con los de otros centros de la ciudad, realizan un paro para protestar contra la muerte de un estudiante en la Universidad de La Laguna, debido a los enfrentamientos entre los alumnos y las fuerzas de orden público.

En resumen, el régimen de Franco quiso adoctrinar a los jóvenes, y se sirvió del Frente de Juventudes y de la Sección Femenina, pero la sociedad fue avanzando, las ideas de la organización van quedando anticuadas, y se van marcando distancias con la juventud en cuanto a la forma de pensar. Los jóvenes de estos años, prefieren otro tipo de régimen político. Con lo cual los objetivos que se pretendían abordar no se consiguieron, pues los jóvenes y la sociedad caminaban por otros senderos.

Con la muerte del General Franco en 1975 y a partir del 1 de abril de 1977, el gobierno de Adolfo Suárez González ordenó la disolución del Movimiento Nacional, y en el BOE del 7 de abril de 1977, en su artículo 3, se crean en la presidencia del Gobierno la Subsecretaría de Familia, Juventud y Deporte como órgano de la administración central del Estado al que corresponde la preparación y ejecución de la política del gobierno y las cadenas de Prensa y Radio del Movimiento pasan a depender del Ministerio de Información y Turismo. Con lo cual la asignatura de Formación del Espíritu Nacional desaparecerá del sistema educativo español y del currículo escolar y, por supuesto, todo vestigio del Movimiento Nacional. El profesorado de Educación Física tuvo que realizar los cursos correspondientes de convalidación en el Instituto Nacional de Educación Física (INEF).

Con la llegada de la democracia se consiguió la legalización de los partidos políticos y la creación de diferentes asociaciones juveniles de ocio y tiempo libre para Cantabria.

Posteriormente, en el Real Decreto 1119/1977 de 20 de mayo se establece la estructura orgánica de la Subsecretaría de Familia, Juventud y Deporte y se crean los organismos autónomos Instituto de la Juventud y Centro superior de Educación Física y Deportes. Y el Real Decreto 2416/1982, de 24 de julio, establece el traspaso de funcionarios y servicios del Estado a la Comunidad Autónoma de Cantabria en materia de Cultura.

Han pasado muchos años desde la disolución del Movimiento, por eso sería interesante para futuras investigaciones recoger, mientras sea posible, testimonios orales de las personas que estuvieron en estas instituciones y tuvieron que realizar diferentes actividades en la Comunidad de Cantabria, así como sus aportaciones y comentarios sobre este periodo.

## NOTAS DEL CAPÍTULO 12

[208] 102 CRUZ OROZCO, José Ignacio, El yunque azul. Frente de Juventudes y sistema educativo, razones de un fracaso, Madrid, Alianza Editorial, 2001, págs. 184-213.

[209] BALLARÍN DOMÍNGO, Pilar, La Educación de las mujeres en la España contemporánea. Siglos XIX-XX, Madrid, Editorial Síntesis, 2001, págs. 136-137. 7 GUZMÁN, Manuel de, Vida y muerte de las Escuelas Normales, Barcel

# ANEXOS

## ANEXO 1[210]

De la lectura de los libros de actas destacamos lo siguiente:

### *Inspección*

Se realizan visitas de inspección a las diferentes Delegaciones Locales, instalaciones de campamentos y a las Escuelas Nacionales y Centros de Enseñanza con el fin de dar orientaciones y verificar los concursos de belenes.

### *Actividades profesionales*

Se llevan a cabo diferentes reuniones de los jurados de empresa, concursos de Formación Profesional, Industrial y Artesanal. Se realizan campeonatos de siega de praderas. Es de destacar el traslado a Dublín del aprendiz de la especialidad de cerrajería para el Concurso Internacional. Se desplazan a las provincias de Palencia, Vizcaya, y Guipúzcoa los campeones provinciales de Formación Profesional, con el fin de tomar parte en las pruebas del sector. Se ha elevado al Ministerio de Agricultura el proyecto para la celebración de dos Cursos de Formación Ganadera a fin de obtener su financiación. Se ha remitido a Madrid, al Patronato de Protección de Trabajo, un proyecto para la celebración de un curso de Cooperativismo, para menores de 21 años. Capacitar mediante un cursillo de formación agropecuaria, en la especialidad ganadera. Realización del curso sobre cría y explotación de animales.

### *Centros de enseñanza*

Reunión del Seminario Didáctico, y visitas a los Centros de Enseñanza, comprobando la ejecución de las enseñanzas de FEN y EF. Se celebra la Semana de la Juventud. Celebración del Concurso de Coros y Rondalla. Trofeos de Juegos y Predeportes. Reunión para la valoración de los cuadernos de rotación y murales. Propuesta de premios "Luis Mª Sobrado".

Se dan normas para la conmemoración del XXX Aniversario de la Fundación de la Falange. Se promueve el Concurso Literario, Día del Dolor, 20 de noviembre. Y la celebración de la Fase Provincial de teatro leído.

Elaboración de la revista hablada "La Caracola". Convocatoria del Teatro de títeres, fotografía y villancicos. Se realiza el Concurso de pintura.

Igualmente, el concurso de redacción para escolares denominado "XXV Años de Paz", Concurso de aprendices en la "rama de hierro" en el Sector de San Sebastián y en Zamora en las especialidades de madera, y albañilería y en León, el de electricidad.

Se realizan cursos de Capacitación Social en el Valle de los Caídos. Las Misiones Culturales llevadas a cabo en las empresas y dirigidas a los aprendices.

La distribución a los maestros de la revista "Tarea". Charlas sobre alimentación y mejora ganadera. Y el concurso de tarjetas de Navidad.

### Extensión cultural y artística

Con torneos de juegos y predeportes en Enseñanza Primaria y encuentros de baloncesto, balonmano y campo a través, hockey, en sala y patines. Y diferentes convocatorias para los Colegios Menores.

Se convoca el Concurso Provincial de Belenes para centros escolares. Los concursos de "Conociendo España" o periódicos hablados "La Caracola". El concurso de periodismo juvenil, el de Teatro leído, así como el Certamen Juvenil de Arte y el I Curso de Guías Turísticos.

Realización de las visitas turísticas a Comillas, San Vicente de la Barquera, Valle de Liébana, Altamira, Santillana y Laredo.

La emisión del grupo de prensa del periódico Volante Norte.

El Concurso de pintura al aire libre. En la semana de cine turístico internacional, se han proyectado las mejores cintas de que disponen las embajadas acreditadas en España.

La programación y montaje de la 1ª Semana de Orientación Profesional para bachilleres elementales.

Los concursos organizados con motivo del "Día de la Madre" y los concursos sobre el Día del Seminario.

Selección para el concurso: "Mejor concertista juvenil del año". Concurso de teatro de títeres.

Medalla de Plata en Barcelona en la especialidad de escultura en la Exposición Nacional con motivo de la semana de la Juventud. Concurso literario con motivo del Año Santo Jacobeo. Concurso Nacional de fotografía. I Certamen

Nacional de Música de Campamentos y Aire libre, para interpretaciones musicales y corales.

### Campamentos y albergues

Con la preparación de la campaña de campamentos. Curso provincial de Mandos. En el Albergue Juvenil de Cantabria en el mes de marzo han pasado 82 alberguistas nacionales y extranjeros, entre ellos, alumnos de la Escuela de Telecomunicaciones de Madrid. Actividades de espeleología hispano francesa en la sierra "El Mortero", y el montaje del campamento de espeleología de Ramales.

Campamento en Laredo, el intercambio de acampados en Burgos. Turismo en Quintana de la Sierra, para hijos de españoles residentes en el extranjero, en operación organizada por el Instituto Nacional de Inmigración.

En el Albergue Juvenil de Brañavieja el curso para práctica en la Nieve. Campamento en Hoyos de Espino (Álava) en la Sierra de Gredos.

Marchas por etapas a Santiago de Compostela.

### Sanidad

Destacan el reconocimiento de deportistas que toman parte en las actividades de la organización y federativas, así como la correspondiente vacunación de los mismos. La ordenación y funciones del Centro de Medicina Deportiva Juvenil en la provincia. El Curso Sanitario Juvenil y el Curso de Medicina Deportiva para los preparadores de los equipos juveniles de fútbol.

### Formación y seminarios

Charlas y conferencias a los grupos y centros.

### Educación física

Con las siguientes actividades Campamentos Escolares. Trofeos de Navidad de baloncesto, balonmano, hockey en sala, concurso de billar, de damas. Campo a través en Cabezón de la Sal y en la prueba nacional. Proclamación del Colegio La Salle campeón de Baloncesto (1963). Pesca fluvial en el Asón, Miera, Pas, Pisueña, Saja y Besaya. Campeonato Provincial de Ciclismo en Los Corrales de Buelna. Torneos de natación. Trofeo al mejor estilista. Trofeo Water Polo. Participación en el Día de Iniciación al deporte. Equipo de Piraguas. Campeonato Regional del descenso del Sella y Asón. Celebración del Galardón deportivo. Los I juegos del Cantábrico. El Curso Nacional de perfeccionamiento para profesores de educación física en la UIMP, en el mes de agosto.

### Organización Juvenil Española

La OJE ha tomado parte en las actividades organizadas por los diferentes servicios destacando:

- El Curso Provincial de Mandos en régimen de internado.
- El Concurso de Belenes Navideños en los hogares juveniles.
- Las salidas de los grupos de espeleología y nieve.
- La confección de fichero de cuevas, remitido a la Jefatura Provincial de Protección Civil.
- El desarrollo del cine club. Premios de jefes de Centuria y Grupo de Semana Santa.
- Curso de Periodismo Juvenil.
- Clases en las Escuelas de Mandos de Rondalla y Aeromodelismo.
- Concurso de tarjetas, sobre el Día del Seminario.
- Se ha realizado el curso de Mandos de carácter provincial.
- Participación en los actos del Día Universal del Niño.
- Participación en diversos torneos de Campamentos en Laredo y el torneo de Campamentos Nacional de Espeleología en Ramales.
- Colaboración en la Campaña Pro refugiados.
- Marcha por etapas de montaña con el lema "Abrazo a la Montaña" en Los Corrales de Buelna.
- Campeonato Provincial de natación.
- Conmemoraciones del Día del Dolor, día de la Fe, día de la Madre.
- Curso de esquí.
- Colocación de belenes en la cueva de San Miguel de Aras.
- Curso de sanitarios juveniles.
- Semana de la juventud.
- Estudios de captación de aguas y aprovechamiento de corrientes subterráneas del grupo de espeleología.
- Intercambios con Francia.
- Participación a nivel nacional en Campamentos de Montaña, espeleología, arqueología, aire libre, marcha nacional a Santiago de Compostela, aeronáutica, campamento nacional de Aéreos en Cuenca.
- En Mogro, el Campeonato Provincial Juvenil de bolos.
- Recogidas de juguetes y recaudación de fondos con destino a los niños de distintos hogares benéficos.
- Cantada la misa del Frente de Juventudes de Cristobal Halffter.
- Se edita el periódico mensual "Rumbo".

• Cursos para mandos y especialistas.
• Turnos de campamento en Laredo.
• Campamento Nacional de Espeleología en Ramales.
• Se celebra el Jubileo de la Juventud en Santo Toribio de Liébana.

## ANEXO 2

En Solares[211] la relación de bienes muebles es la siguiente

Tocadiscos Phillips, mesas de tenis, material de espeleología, discos micro-surco, material deportivo, biblioteca, banco, mochilas, tienda de montaña, instrumentos de rondalla, tableros de ajedrez, dominó y dados, tresillo, butacas, sillas, mesita centro, sillas de formica, televisor, calentador de butano, mesas de ping-pong, crucifijo, juego de cortinas, butacas de despacho, sillas de despacho, librería metálica.

El local de Ampuero dispone de grupo mobiliario con mesas de máquina de escribir, mesas de roble americano, mesas de pin-pon, sillas de roble americano.

El local de Ramales dispone de armario, cuadro, encerado, globos luz, mesa, juegos, mesas de pin pon, sillas, sillones, sofás, radiogramol.

## ANEXO 3

*Relación de bienes muebles con fecha 31 de diciembre de 1964*
*que posee la Delegación de Santander (Delegación Provincial de la Juventud)*[212].

Sillones, máquinas de escribir, máquina sumadora, mesa máquina, alfombras, apliques en bronce, archivadores ficheros, archivador de madera, armario dos cuerpos, armario tres cuerpos, armario castaño, armario con dos puertas de cristal, armario cuatro cuerpos, armarios estanterías, atril, estufas de butano Otsein, estufas eléctricas, estufas radiador, cuadros oficiales, cuadros de arte, crucifijos, cortinas, caja de caudales, lámparas fluorescentes dobles, lámpara de pie, lámparas plafones, mesas de escritorio, mesas de despacho castaño, mesitas de centro, sillas tapizadas, sillones tapizados, tresillo tapizado, sofás tapizados.

**Bienes que posee la Delegación de Santander**
**(servicio de actividades culturales) en 1964**

Cine, proyector de diapositivas, magnetofón, títeres, tocadiscos, plato tocadiscos, amplificador, películas 16 m/m g., tocadiscos Philips, discos grandes, discos pequeños, flexor mesa, caja interruptor, muñecos, títeres, micrófono, pantalla radiante, diapositivas.

## ANEXO 4

El campamento de Laredo[213] en el año 1964 dispone de lo siguiente

- SERVICIOS TÉCNICOS: Tienda de servicio, tiendas escuadra, catres, colchonetas, juegos banderas, juego banderines, banquetas, berbiquí, buzón de correos, cabezales, cajas de pérdidas, camas, cestos, colchones, crucifijos, destornillador, armarios, mangas de riego, hachas, focos, juegos de sábanas, lavabos, letreros indicadores, mantas, mástil, adornos, mazas de hierros, mesas de oficina, palas, papeleras, picos, portalámparas, rastrillos, rejillas tiendas, recogedores de limpieza, sillas, tableros de órdenes, tenazas, tijeras para podar, tronzador y serrote.
- INTENDENCIA: Bandeja grande, bancos de comedor, balanza, báscula, bastidores de alambre, cacillos de pelotón, cazos grandes, botijos, cubos de cinc y de plástico, cuchillos grandes y pequeños, cuchillos para patatas, cafeteras aluminio, chinos para colar, espátulas de madera, espumaderas de cocina, juegos de medidas, machetes, mesas de cocina, mesas de comedor, molinillo de café, máquina de picar carne, olla de 150 plazas, olla de 300 plazas, paelleras, pasapurés, peroles pelotón 15 platos, sartenes, tablas de cortar carne, tazones de desayuno, tijeras de pescado, vasos de cristal y reloj de cocina.
- EDUCACIÓN FÍSICA: Balones de baloncesto, balón a mano, balones de plástico, camisetas, inflador, corcheras, tableros de baloncesto.
- ASESORÍA RELIGIOSA: Maleta de cuero, cruz de los caídos, misal, copón, juegos de ornamentos.
- CULTURA Y FORMACIÓN: Libros.
- SANIDAD: Botiquines de campaña, mesa de cristal, cama de reconocimiento, cazo de aluminio, infiernillo eléctrico, colchas, vitrinas, armarios.

## NOTAS DE LOS ANEXOS

[210] Legajo 3-3, Frente de Juventudes.

[211] Legajo 39-12, Frente de Juventudes.

[212] Legajo 39-1, Frente de Juventudes.

[213] Legajo 39-14, doc,. 1, Frente de Juventudes.

# BIBLIOGRAFÍA

ALONSO BEIGHAU, Juan, *Historia de los colegios menores de juventudes (Una experiencia educativa 1951-1981)*, Granada, Copartgraf, 2004.

CRUZ OROZCO, José Ignacio, *El yunque azul. Frente de juventudes y sistema educativo. Razones de un fracaso*, Madrid, Alianza, 2001.

DE LEÓN LLORENTE, María Luisa, *Las voces del silencio. Memorias de una instructora de juventudes de la Sección Femenina*, Madrid, Grafinat, 2000.

DELEGACIÓN NACIONAL DE JUVENTUDES, *Plan de formación* OJE, Madrid, Doncel, 1964.

DELEGACIÓN NACIONAL DE JUVENTUDES, *Aire Libre*, Madrid, Doncel, 1967.

DELEGACIÓN NACIONAL DE JUVENTUDES, *Educación cívico-social, Segundo curso de Enseñanza Primaria*, Madrid, Doncel, 1968.

DELEGACIÓN NACIONAL DE LA SECCIÓN FEMENINA DE FET y de las JONS, *Lecciones para los cursos de formación e instructoras de hogar*, Madrid, Gráficas Imperium, 1942.

DELEGACIÓN NACIONAL DE LA SECCIÓN FEMENINA DEL MOVIMIENTO, *Albergues, colonias o centros de vacaciones*, Madrid, Editorial Almena, 1969.

DELEGACIÓN NACIONAL DE LA SECCIÓN FEMENINA DEL MOVIMIENTO, *Castillo de la Mota. Escuela mayor de formación "José Antonio"*, Madrid, Editorial Almena, 1968.

DELEGACIÓN NACIONAL DE LA SECCIÓN FEMENINA DEL MOVIMIENTO, *Cátedras ambulantes*, Madrid, Editorial Almena, 1970.

DELEGACIÓN NACIONAL DE LA SECCIÓN FEMENINA DEL MOVIMIENTO, *El teatro como representación y el teatro como expresión*, Madrid, Editorial Almena 1969.

DELEGACIÓN NACIONAL DE LA SECCIÓN FEMENINA DEL MOVIMIENTO, *Escuela Nacional de Educación Física femenina*, Madrid, 1969.

DELEGACIÓN NACIONAL DE LA SECCIÓN FEMENINA DEL MOVIMIENTO, *Formación político-social y cívica. Primer curso de Enseñanza Primaria*, Madrid, Editorial Almena, 1970.

DELEGACIÓN NACIONAL DE LA SECCIÓN FEMENINA DEL MOVIMIENTO, *Formación político-social y cívica. Tercer curso de Enseñanza Primaria*, Madrid, Editorial Almena, 1970.

DELEGACIÓN NACIONAL DE LA SECCIÓN FEMENINA DEL MOVIMIENTO, *Juventudes*, Madrid, Editorial Almena, 1968.

DELEGACIÓN NACIONAL DE LA SECCIÓN FEMENINA DEL MOVIMIENTO, *La Sección Femenina del Movimiento en el desarrollo comunitario*, Madrid, 1968.

DELEGACIÓN NACIONAL DE LA SECCIÓN FEMENINA DEL MOVIMIENTO, *Oraciones y salmos*, Madrid, Almena, 1968.

DELEGACIÓN NACIONAL DE LA SECCIÓN FEMENINA DEL MOVIMIENTO, *Profesiones femeninas. Técnicos de asistencia social*, Madrid.

DELEGACIÓN NACIONAL DE LA SECCIÓN FEMENINA DEL MOVIMIENTO, *Profesiones femeninas. Profesoras de enseñanza de hogar*, Madrid, Artes gráficas Ibarra, 1965.

DELEGACIÓN NACIONAL DE LA SECCIÓN FEMENINA, *Formación político-social. Quinto curso de bachillerato*, Madrid, 1967.

DELEGACIÓN PROVINCIAL DE JUVENTUDES, *Normas para la enseñanza primaria*, Santander, 1959.

FALANGE ESPAÑOLA TRADICIONALISTA Y DE LAS JONS, *La Sección Femenina historia y organización*, Madrid, 1952.

FERNÁNDEZ CARVAJAL, Rodrigo, *La Sociedad y el Estado*, Madrid, Ediciones Doncel, 1970.

FERNÁNDEZ DE CARRANZA Y DELEGADO, José Ignacio, *Historia de la OJE Valores, historia y logros de la Organización juvenil Española*, Almuzara, 2017.

Folleto editado por Diputación Regional de Cantabria, *Residencia Juvenil Femenina "Santa María Bien Aparecida"*. Santander. 1988.

FERNÁNDEZ-MIRANDA HEVIA, Torcuato, *El hombre y la sociedad,* Madrid, Ediciones Doncel, 1961.

FRENTE DE JUVENTUDES, *Memoria*, Santander, 1944.

FRUTOS CORTES, Eugenio, *Convivencia humana. Cuarto curso de Bachillerato*, Madrid, Ediciones Doncel, 1968.

FRUTOS CORTES, Eugenio, *La persona humana,* Madrid, Ediciones Doncel, 1962.

FUENTES QUINTANA, Enrique y VELARDE FUERTES, Juan, *Política económica,* Madrid, Ediciones Doncel, 1959.

GÓMEZ DE LA SERNA, Gaspar, *Cartas a mi hijo*, Madrid, Ediciones Doncel, 1964.

GOSALBEZ CELDRÁN, Alfredo, *Educación cívico-social. Quinto curso de Enseñanza Primaria*, Madrid, Ediciones Doncel, 1968.

GOSALBEZ CELDRÁN, Alfredo, *Educación cívico-social. Sexto curso de Enseñanza Primaria*, Madrid, Ediciones Doncel, 1968.

GRANADOS, Carlos y LORENTE MEDINA, Fernando, *Actividades juveniles de tiempo libre*, Madrid, Doncel, 1972.

GUTIÉRREZ REÑÓN, Marta, *España para ti*, Madrid, Doncel, 1965.

IZQUIERDO, Joaquín y BLANCO, Juan, *Memoria de Juventud, Elegía por la generación perdida*, Madrid, Dyrsa, 1985.

JEFATURA PROVINCIAL DEL MOVIMIENTO, *Manual para jefes locales de FET y de las JONS*, Málaga, 1955.

LOZÓN RUIZ, Ignacio, *El Movimiento Nacional. Formación del Espíritu Nacional. Primer curso de Bachillerato,* Madrid, 1955.

MARAVILLAS SEGURA. *Labores (su metodología)*, Madrid, SECCIÓN FEMENINA DE FET Y DE LAS JONS 1966.

NAVARRO, Joaquín, *Todos juntos*, Madrid, Doncel, 1965.

PRIMO DE RIVERA, Pilar, *Recuerdos de una vida*, Madrid, Dyrsa, 1983.

Revista número 323 de la Sección Femenina dedicada a las Maestras, *Consigna*, Madrid, 1968.

RICO, Vicente, *Canciones y danzas de España*, Madrid, Vicente Rico, S.A., 1956.

RODRIGO SOSPEDRA, Aurelio, *Formación político-social. Magisterio,* Valencia, Ediciones Gior, 1952.

SÁENZ MARÍN, Juan, *El frente de Juventudes. Política de juventud en la España de la postguerra (1937-1960)*, Madrid, Siglo XXI, 1968.

SAIZ VIADERO, J. Ramón: *Mujer, República, Guerra Civil y represión en Cantabria,* Torrelavega, Editorial Librucos, 2016.

SECCIÓN FEMENINA DE FET y de las JONS, *Canciones infantiles*, Madrid, 1964.

SECCIÓN FEMENINA DE FET y de las JONS, *Educación física femenina para las Escuelas de Magisterio*, Madrid, 1964.

SECCIÓN FEMENINA DE FET y de las JONS, *Formación política*, Madrid, 1958.

SECCIÓN FEMENINA DE FET y de las JONS, *Formación político social, Cuarto Curso de Bachillerato*, Madrid, 1966.

SECCIÓN FEMENINA DE FET y de las JONS, *Formación político-social. Primer Curso de Bachillerato*, Madrid, 1966.

SECCIÓN FEMENINA DE FET y de las JONS, *Lecciones de Educación física para Enseñanza Media, Comercio y Formación Profesional*, Madrid, 1966.

SECCIÓN FEMENINA DE FET y de las JONS, *Los 26 puntos de Falange*, Madrid.

SECCIÓN FEMENINA DE FET y de las JONS, *Manuel de cocina para Bachillerato, Comercio y Magisterio*, Madrid.

SUÁREZ FERNÁNDEZ, Luis, *Crónica de la Sección Femenina y su tiempo*, Madrid, Asociación Nueva Andadura, 1992.

TODOLI, José, *Tú con los demás*, Madrid, Doncel, 1965.

VIGIL, Francisco, *Vida social, sexto de EGB*, Madrid, Doncel, 1972.

VIUDES, Vicente, *Manual de decoración*, Madrid, Sección Femenina de las JONS

# ÍNDICE DE ILUSTRACIONES Y TABLAS

## ILUSTRACIONES

## TABLAS